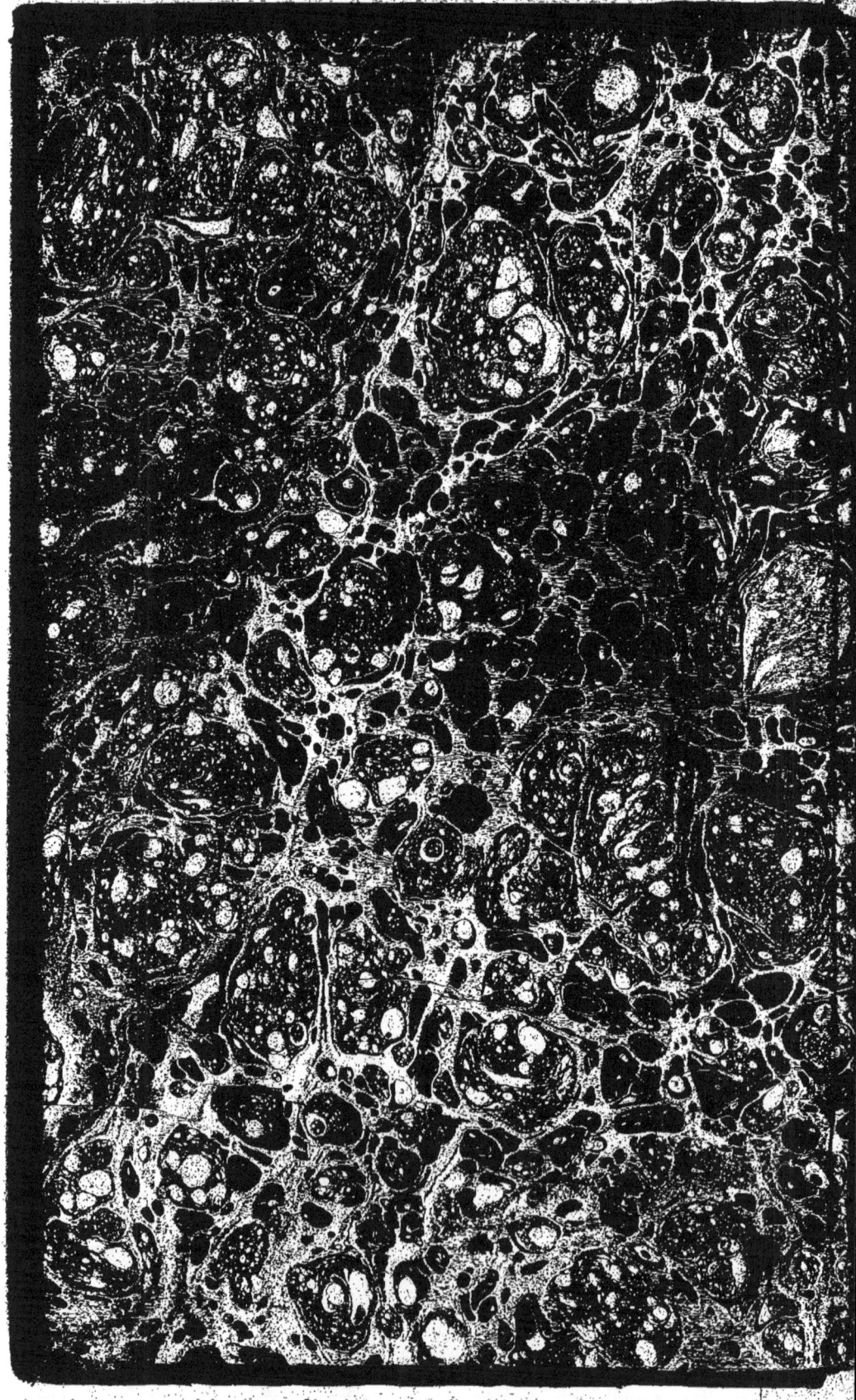

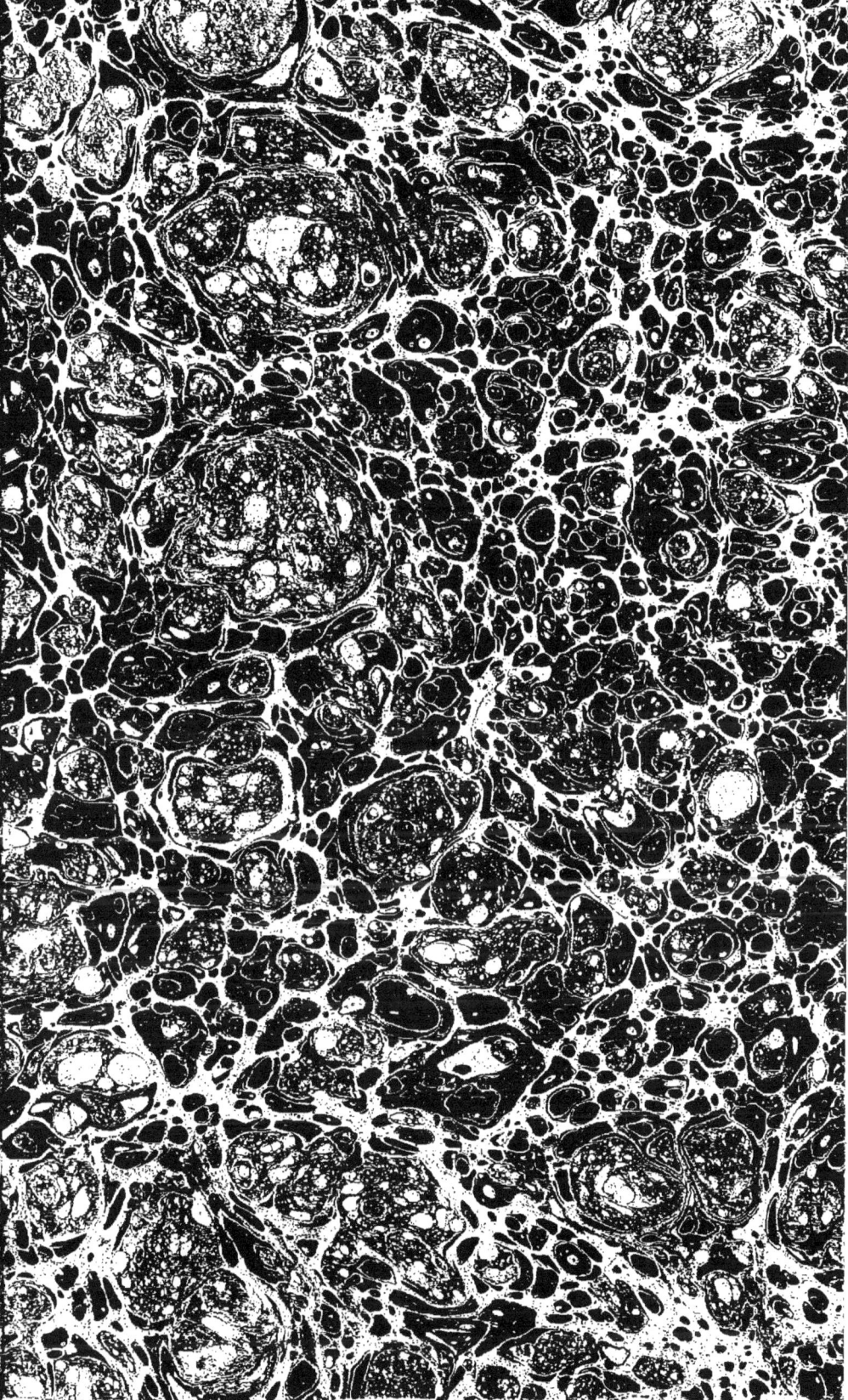

1291. 9ter.
H.

VOYAGE

AUX RÉGIONS ÉQUINOXIALES

DU

NOUVEAU CONTINENT.

DE L'IMPRIMERIE DE FIRMIN DIDOT PÈRE ET FILS.

VOYAGE

AUX RÉGIONS ÉQUINOXIALES

DU

NOUVEAU CONTINENT,

FAIT EN 1799, 1800, 1801, 1802, 1803 ET 1804,

PAR AL. DE HUMBOLDT ET A. BONPLAND;

RÉDIGÉ

PAR ALEXANDRE DE HUMBOLDT;

AVEC UN ATLAS GÉOGRAPHIQUE ET PHYSIQUE.

TOME CINQUIÈME.

A PARIS,

CHEZ N. MAZE, LIBRAIRE, RUE GIT-LE-CŒUR, N° 4.

1820.

VOYAGE
AUX RÉGIONS ÉQUINOXIALES
DU
NOUVEAU CONTINENT.

LIVRE V.

CHAPITRE XIV.

Tremblemens de terre de Caracas. — Liaison de ce phénomène avec les éruptions volcaniques des îles Antilles.

Nous quittâmes Caracas le 7 février, à la fraîcheur du soir, pour entreprendre notre voyage à l'Orénoque. Le souvenir de ce départ est aujourd'hui plus douloureux pour nous qu'il ne l'étoit il y a quelques années. Nos amis ont péri dans les sanglantes révolutions qui, tour à tour, ont donné ou ravi la liberté à ces régions lointaines. La maison que nous avons habitée n'est plus qu'un amas de décombres. D'affreux tremblemens de terre ont changé la surface du sol. La ville que j'ai décrite a disparu. Sur ces mêmes lieux, sur cette terre crevassée, s'élève avec lenteur une autre ville. Déja les ruines amoncelées, tombeaux d'une population nombreuse, sont devenues de nouveau la demeure des hommes.

En retraçant des changemens d'un intérêt si général, je rappellerai des événemens qui sont de beaucoup postérieurs à mon retour en Europe. Je passerai sous silence les commotions populaires, les modifications qu'a subies l'état de la société. Les peuples modernes, soigneux de leur mémoire, sauvent de l'oubli l'histoire des révolutions humaines, qui est celle des passions ardentes et des haines invétérées. Il n'en est pas de même des révolutions du monde physique; elles sont décrites avec d'autant moins de soin, qu'elles coïncident avec les dissensions civiles. Les tremblemens de terre, les éruptions des volcans, frappent l'imagination par les maux qui en sont une suite nécessaire. La tradition s'empare, de préférence, de tout ce qui est vague et merveilleux ; et, dans les grandes calamités publiques comme dans les malheurs privés, l'homme semble fuir cette lumière qui fait découvrir les véritables causes des événemens, et reconnoître les circonstances dont elles sont accompagnées. J'ai cru devoir consigner dans cet ouvrage ce que j'ai pu apprendre de certain sur les secousses du 26 mars 1812, qui ont détruit la ville de Caracas, et fait périr, dans l'étendue de la province de Venezuela, presque au même instant, plus de vingt mille habitans. Les relations que j'ai conservées avec les hommes de toutes les classes m'ont mis en état de comparer les récits de plusieurs témoins oculaires et de leur adresser des questions sur des objets qui peuvent répandre du jour sur la physique générale. Historien de la nature, le voyageur doit constater les dates des grandes catastrophes, examiner leur enchaînement et leurs rapports mutuels, marquer, dans le cours rapide des âges, dans ce mouvement continuel de variations successives, des points fixes auxquels d'autres catastrophes pourront un jour être comparées. Toutes les époques se rapprochent dans l'immensité des temps qu'embrasse l'histoire de la nature. Les années écoulées ne paroissent que des instans; et si les descriptions physiques d'un pays n'inspirent pas un intérêt bien général et bien vif, elles ont du moins l'avantage de ne pas vieillir. C'est d'après des considérations analogues, que M. de La Condamine a décrit, dans son *Voyage à l'Équateur*, les mémorables éruptions[1] du volcan de Cotopaxi, qui ont eu lieu long-temps après son départ de Quito. En suivant l'exemple de ce savant illustre, je crois mériter d'autant moins de reproches, que les événemens que je vais retracer serviront d'appui à la théorie des *réactions volcaniques*, ou de l'influence qu'exerce un *système de volcans* sur une vaste étendue de pays circonvoisins.

A l'époque où nous séjournâmes, M. Bonpland et moi, dans les provinces de la Nouvelle-Andalousie, de Nueva-Barcelona et de Caracas, c'étoit une opinion généralement répandue que les parties les plus orientales de ces côtes étoient les plus ex-

[1] Celles du 31 novembre 1744 et du 3 septembre 1750 (*Introd. hist.*, p. 156 et 160).

posées aux effets destructeurs des tremblemens de terre. Les habitans de Cumana
redoutoient la vallée de Caracas, à cause
de son climat humide et variable, de son
ciel brumeux et mélancolique. Les habitans
de cette vallée tempérée parloient de Cumana comme d'une ville où l'on respire sans
cesse un air embrasé, et dont le sol est périodiquement agité par de violentes secousses.
Oubliant les bouleversemens de Riobamba
et d'autres villes très-élevées, ignorant que
la péninsule d'Araya, composée de schiste
micacé, participe aux agitations de la côte
calcaire de Cumana, des personnes instruites
croyoient trouver des motifs de sécurité et
dans la structure des roches primitives de
Caracas et dans la hauteur du site de cette
vallée. Des fêtes d'églises, célébrées à la
Guayra et dans la capitale même, au milieu
de la nuit [1], leur rappeloient sans doute
que de temps en temps la province de Ve-

[1] Par exemple, la procession nocturne du 21 octobre, instituée en commémoration du grand tremblement de terre qui eut lieu le même jour du mois, à
une heure après minuit, en 1778. D'autres secousses
très-violentes furent celles de 1641, 1703 et 1802.

nezuela a été sujette aux tremblemens de terre ; mais on craint peu des dangers qui se renouvellent rarement. C'est en 1811 qu'une cruelle expérience a détruit le charme des théories et de la croyance populaire. Caracas, situé dans les montagnes, trois degrés à l'ouest de Cumana, cinq degrés à l'ouest du méridien qui passe par les volcans des îles Caraïbes, a éprouvé des secousses plus fortes qu'on n'en ait jamais senti sur les côtes de Paria et de la Nouvelle-Andalousie.

J'avais été frappé, dès mon arrivée à la Terre-Ferme, de la connexité de deux événemens physiques, de la ruine de Cumana, le 14 décembre 1797, et de l'éruption des volcans dans les Petites-Antilles [1]. Ces rapports se sont manifestés de nouveau par le bouleversement de Caracas, le 26 mars 1812. Le volcan de la Guadeloupe sembloit avoir réagi en 1797 sur les côtes de Cumana. Quinze ans plus tard, c'étoit un volcan plus rapproché du continent, celui de Saint-Vincent, qui sembloit exercer son influ-

[1] *Voyez* plus haut, Tom. 2, Chap. IV, p. 294.

CHAPITRE XIV.

ence jusqu'à Caracas et aux rives de l'Apure. Il est probable qu'à ces deux époques, le centre de l'explosion a été, à une immense profondeur, également éloigné des régions vers lesquelles le mouvement se propageoit à la surface du globe.

Depuis le commencement de 1811 jusqu'en 1813, une vaste étendue de la terre [1], limitée par le méridien des îles Açores, la vallée de l'Ohio, les Cordillères de la Nouvelle-Grenade, les côtes de Venezuela et les volcans des Petites-Antilles, a été ébranlée presque à-la-fois par des secousses qu'on peut attribuer à des feux souterrains. Voici la série des phénomènes qui semblent indiquer des communications à d'énormes distances. Le 30 janvier 1811, un volcan sous-marin se fit jour près de l'île Saint-Michel, une des Açores. Dans un endroit où la mer avoit 60 brasses de profondeur, un rocher parut à la surface des eaux. Le soulèvement de la croûte ramollie du globe paroît avoir été antérieur [2] à l'éruption des

[1] Entre les 5° et 36° de latitude boréale, et les méridiens de 31° et 91° à l'ouest de Paris.
[2] *Voyez* plus haut, Tom. I, Chap. II, p. 378.

flammes par le cratère, comme cela a été observé de même aux volcans de Jorullo, dans le Mexique, et lors de l'apparition de l'île de la petite Kameni, près de Santorino. Le nouvel îlot des Açores n'étoit d'abord qu'un écueil; mais, le 15 juin, une éruption, qui dura six jours, agrandit cet écueil, et l'éleva peu à peu à la hauteur de 50 toises au-dessus de la surface de la mer. Cette nouvelle terre, dont le capitaine Tillard se hâta de prendre possession au nom du gouvernement britannique, en l'appelant île *Sabrina*, avoit 900 toises de diamètre. Il paroît qu'elle a été engloutie de nouveau dans l'Océan. C'est la troisième fois que, près de l'île Saint-Michel, des volcans soumarins ont offert ce spectacle extraordinaire; et, comme si les éruptions de ces volcans étoient sujettes à une période régulière, dépendante d'une certaine accumulation de fluides élastiques, l'îlot soulevé s'est montré à des intervalles de 91 ou 92 ans[1]. On doit regretter

---

[1] *Malte-Brun*, Géogr. univ., Tom. V, p. 177-180. Il reste cependant quelque doute sur l'éruption de 1628, que d'autres placent en 1638. Les soulèvemens ont toujours eu lieu près de l'île Saint-Michel, mais non

que, malgré la proximité des lieux, aucun gouvernement de l'Europe, aucune société savante n'ait envoyé des physiciens et des géologues aux îles Açores, pour étudier un phénomène si propre à éclairer l'histoire des volcans et celle du globe en général.

Lors de l'apparition du nouvel îlot de Sabrina, les Petites-Antilles, situées 800 lieues au sud-ouest des îles Açores, éprouvèrent de fréquens tremblemens de terre. Plus de deux cents secousses se firent sentir, depuis le mois de mai 1811 jusqu'en avril 1812, à l'île Saint-Vincent, une des trois Antilles qui ont encore des volcans actifs. Les mouvemens ne restèrent pas circonscrits à la partie insulaire de l'Amérique orientale. Depuis le 16 décembre 1811, la terre étoit presque continuellement agitée dans les vallées du Mississipi, de l'Arkansaw et de l'Ohio. Les oscillations étoient plus foibles à l'est des Alleghanys qu'à l'ouest de ces montagnes, dans le Tenneseeet le Kentucky.

pas identiquement dans un même point. Il est remarquable que l'îlot de 1720 avoit atteint la même hauteur que l'île Sabrina en 1811. *Voyez* plus haut, Tom. I, Chap. 1, p. 187.

Elles étoient accompagnées d'un grand bruit souterrain venant du sud-ouest. Sur quelques points, entre New-Madrid et Little-Prairie, comme à la Saline, au nord de Cincinnati, par les 37°45' de latitude, les secousses se firent sentir chaque jour, presque à chaque heure, pendant plusieurs mois. L'ensemble de ces phénomènes dura depuis le 16 décembre 1811 jusqu'en 1813. Restreintes d'abord au sud, dans la vallée du Bas-Mississipi, les commotions paroissoient peu à peu faire des progrès vers le nord[1].

A la même époque à laquelle commença, dans les *États transalléghaniens*, cette longue série de tremblemens de terre, au mois de décembre 1811, la ville de Caracas éprouva une première secousse, par un temps calme et serein. Cette coïncidence de phénomènes n'étoit probablement pas accidentelle ; car il ne faut point oublier que, malgré la distance qui sépare ces contrées, les terrains

---

[1] *Voyez* la description intéressante de ces tremblemens de terre, donnée par M. Mitchill, dans les *Trans. of the Litter. and Phil. Soc. of New-York*, Vol. I, p. 281-308 ; et par M. Drake, dans le *Nat. and Stat. View of Cincinnati*, p. 232-238.

CHAPITRE XIV.

bas de la Louisiane et les côtes de Venezuela et de Cumana appartiennent à un même bassin, à celui de la mer des Antilles. Cette *Méditerranée a plusieurs issues*, se dirige du sud-est au nord-ouest, et l'on croit en reconnoître un ancien prolongement dans les vastes plaines élevées graduellement de 30, 50 et 80 toises [1] au-dessus du niveau de l'Océan, couvertes de formations secondaires, arrosées par l'Ohio, le Missoury, l'Arkansaw et le Mississipi. Lorsqu'on considère géologiquement le *bassin de la mer des Antilles et du golfe du Mexique*, on le trouve limité au sud par la chaîne côtière de Venezuela et les Cordillères de Merida et de Pamplona, à l'est par les montagnes des îles Antilles et les Alleghanys, à l'ouest par les Andes du Mexique et les Montagnes Rocheuses [2], au nord par les

---

[1] Cincinnati, situé sur l'Ohio, par les 39° 6' de latitude, n'a encore que 85 toises d'élévation absolue.

[2] C'est à regret que je me sers de cette dénomination vague et impropre que l'on donne au prolongement septentrional des montagnes du Nouveau-Mexique. Je préférerois le nom de *Chaîne du Chippewan* (*Chippewan range*), que M. Drake (*Stat. View. of Cincin.*, p.

hauteurs très-peu considérables qui séparent les lacs Canadiens des affluens du Mississipi. Plus des deux tiers de ce bassin sont couverts d'eau. Deux rangées de volcans actifs le bordent à l'est dans les Petites-Antilles, entre les 13° et 16° de latitude, à l'ouest dans les Cordillères de Nicaragua, de Guatimala et du Mexique, entre les 11° et 20°. Si l'on se rappelle que le grand tremblement de terre de Lisbonne, du 1.er novembre 1755, s'est fait sentir presque au même instant sur les côtes de Suède, au lac Ontario et à la Martinique, il ne paroîtra pas trop hardi de supposer que tout ce bassin des Antilles, depuis Cumana et Caracas jusqu'aux plaines de la Louisiane, puisse quelquefois

---

91) et d'autres physiciens des Etats-Unis commencent à substituer à la dénomination reçue de *Stony-Mountains*; mais des nations presque du même nom, très-éloignées les unes des autres, et parlant des langues différentes, les Chippeways des sources du Mississipi, et les Chepewyans du lac des Esclaves, décrits par Pike et par Mackenzie, peuvent faire confondre les montagnes qui, au sud et au sud-ouest des grands lacs Canadiens, se dirigent dans le sens d'un parallèle, avec les Montagnes Rocheuses qui se prolongent du nord au sud.

CHAPITRE XIV.

être agité simultanément par des secousses qui partent d'un même centre d'action.

C'est une opinion très-répandue sur les côtes de la Terre-Ferme que les tremblemens de terre deviennent plus fréquens, lorsque les explosions électriques ont été très-rares pendant quelques années. On a cru observer à Cumana et à Caracas que les pluies étoient moins souvent accompagnées de tonnerre depuis l'année 1792, et l'on n'a pas manqué d'attribuer, et la ruine totale de Cumana, en 1797, et les secousses éprouvées[1] en 1800, 1801 et 1802 à Maracaibo, Porto-Cabello et Caracas, « à une accumulation d'électricité dans l'intérieur de la terre. » Il seroit difficile de nier, lorsqu'on a vécu long-temps dans la Nouvelle-Andalousie ou dans les basses régions du Pérou, que la saison le plus à redouter par la fréquence des tremblemens de terre, est celle de l'entrée des pluies, qui cependant est la saison des orages. L'atmosphère et l'état de la surface du globe semblent influer d'une manière qui nous est inconnue sur

[1] *De Pons*, Tom. I, p. 125.

les changemens qui se produisent à de grandes profondeurs, et je pense que la liaison qu'on prétend reconnoître entre l'absence des orages et la fréquence des tremblemens de terre, est plutôt une hypothèse physique imaginée par les demi-savans du pays, que le résultat d'une longue expérience. Le hasard peut favoriser la coïncidence de certains phénomènes. Les secousses extraordinaires que l'on ressentit presque continuellement pendant deux ans sur les bord du Mississipi et de l'Ohio, et qui coïncidoient, en 1812, avec celles de la vallée de Caracas, furent précédées à la Louisiane d'une année, presque entièrement exempte d'orages [1]. Ce phénomène frappa de nouveau tous les esprits. On ne doit point trouver étrange que, dans la patrie de Franklin, on conserve une grande prédilection pour des explications basées sur la théorie de l'électricité.

La secousse que l'on ressentit à Caracas, au mois de décembre 1811, fut la seule qui précéda l'horrible catastrophe du 26 mars 1812. On ignoroit, à la Terre-Ferme, les

[1] *Trans. of New-York*, Vol. I, p. 285. *Drake*, p. 210

agitations qu'éprouvoient, d'un côté, le volcan de l'île Saint-Vincent, et, de l'autre, le bassin du Mississipi, où, le 7 et le 8 février 1812, la terre étoit jour et nuit dans un état d'oscillation continuelle. A cette époque, la province de Venezuela essuyoit de grandes sécheresses. Pas une goutte de pluie n'étoit tombée à Caracas et à 90 lieues à la ronde, dans les cinq mois qui précédèrent la ruine de la capitale. Le 26 mars étoit un jour extrêmement chaud. L'air étoit calme et le ciel sans nuages. C'étoit le jeudi saint : une grande partie de la population se trouvoit réunie dans les églises. Rien ne sembloit annoncer les malheurs de cette journée. A 4 heures 7 minutes du soir, la première commotion se fit sentir. « Elle fut assez forte pour ébranler les cloches des églises. Elle dura 5 à 6 secondes : elle fut immédiatement suivie d'une autre secousse de 10 à 12 secondes, pendant laquelle le sol, dans un mouvement continuel d'ondulation, sembloit bouillonner comme un liquide. On croyoit déja le danger passé, lorsqu'un énorme bruit souterrain se fit entendre. C'étoit comme le roulement du tonnerre, mais plus fort, plus prolongé que celui qu'on entend sous les tropiques dans la saison des orages. Ce bruit précédoit un mouvement perpendiculaire d'environ 3 à 4 secondes, suivi d'un mouvement d'ondulation un peu plus long. Les secousses étoient dans des directions opposées, du nord au sud et de l'est à l'ouest. Rien ne put résister à ce mouvement de bas en haut et à ces oscillations croisées. La ville de Caracas fut renversée de fond en comble. Des milliers d'habitans (entre neuf et dix mille) furent ensevelis sous les ruines des églises et des maisons. La procession n'étoit point encore sortie; mais le concours dans les temples étoit si grand, que près de trois ou quatre mille personnes furent écrasées sous les voûtes qui s'écrouloient. L'explosion fut plus forte du côté du nord, dans la partie de la ville la plus rapprochée de la montagne d'Avila et de la Silla. Les églises de la Trinité et d'Alta Gracia, qui avoient plus de 150 pieds de hauteur, et dont la nef étoit soutenue par des pilliers de 12 à 15 pieds d'épaisseur, laissèrent un amas de ruines qui ne s'élève guère qu'à 5 ou 6 pieds. L'affaissement des décombres a été si considérable, qu'on n'y reconnoît aujourd'hui presque aucun vestige des piliers et des colonnes. La caserne appelée *el Quartel de San Carlos*, et située plus au nord de l'église de la Trinité, sur le chemin de la douane de la Pastora, disparut presque entièrement. Un régiment de troupes de ligne s'y trouvoit réuni sous les armes pour se rendre à la procession. A l'exception de quelques hommes, il fut enseveli sous les décombres de ce grand édifice. Les neuf dixièmes de la belle ville de Caracas furent entièrement ruinés. Les maisons qui ne s'écroulèrent point, comme celles de la rue de San Juan, près de l'hospice des Capucins, se trouvoient tellement crevassées, qu'on ne pouvoit risquer de les habiter. Les effets du tremblement de terre furent un peu moins forts dans les parties méridionale et occidentale de la ville, entre la grande place et le ravin de Caraguata. C'est là que la cathédrale, soutenue par d'énormes arc-boutans, est restée debout [1]. »

[1] *Sur le tremblement de terre de Venezuela*, en 1812, par M. Delpeche. (Manuscrit.)

En évaluant à neuf ou dix mille le nombre des morts dans la ville de Caracas, on ne tient pas compte des malheureux qui, grièvement blessés, n'ont succombé qu'après plusieurs mois, faute d'alimens et de soins. La nuit du jeudi au vendredi saint offrit le spectacle le plus déchirant de la désolation et du malheur. Cette couche épaisse de poussière qui, élevée au-dessus des décombres, obscurcissoit l'air comme un brouillard, s'étoit précipitée vers le sol. Aucune secousse ne se faisoit sentir; jamais nuit ne fut plus belle et plus calme. La lune presque pleine éclairoit les dômes arrondis de la Silla, et l'aspect du ciel contrastait avec celui d'une terre jonchée de ruines et de cadavres. On voyoit des mères porter dans leurs bras des enfans qu'elles espéroient rappeler à la vie. Des familles éplorées parcouroient la ville pour chercher un frère, un époux, un ami dont on ignoroit le sort, et qu'on croyoit égarés dans la foule. On se pressoit dans les rues, qu'on ne reconnoissoit plus que par l'alignement des monceaux de décombres.

Tous les malheurs éprouvés dans les

grandes catastrophes de Lisbonne, Messine, Lima et Riobamba, se répétèrent dans la funeste journée du 26 mars 1812. « Les blessés, ensevelis sous les ruines, imploroient à grands cris le secours des passans. On parvint à en retirer plus de deux mille. Jamais la pitié ne se montra d'une manière plus touchante, on peut dire plus ingénieusement active, que dans les efforts tentés pour secourir les malheureux dont les gémissemens se faisoient entendre. On manquoit absolument d'outils propres à fouir la terre et à remuer les décombres; il falloit se servir des mains pour déterrer les vivans. On déposoit ceux qui étoient blessés, de même que les malades échappés des hôpitaux, au bord de la petite rivière du Guayre. Ils n'y trouvoient d'autre abri que le feuillage des arbres. Les lits, le linge pour panser les plaies, les instrumens de chirurgie, les médicamens, tous les objets de première nécessité étoient ensevelis sous les ruines. On étoit dépourvu de tout, même d'alimens dans les premiers jours. L'eau devint également rare dans l'intérieur de la ville. La commotion avoit brisé les canaux des fontaines : l'éboulement des terres avoit obstrué les sources qui les alimentoient. Pour avoir de l'eau, il falloit descendre jusqu'au Rio Guayre dont la crue étoit considérable, et l'on manquoit de vases pour puiser.

« Il restoit à remplir envers les morts un devoir commandé à la fois par la piété et par la crainte de l'infection. Dans l'impossibilité de donner la sépulture à tant de milliers de cadavres à demi-enfouis sous les ruines, des commissaires furent chargés de brûler les corps. On dressa des bûchers entre les monceaux de décombres. Cette cérémonie dura plusieurs jours. Au milieu de tant de malheurs publics, le peuple se livroit aux pratiques religieuses qu'il croyoit les plus propres à appaiser la colère du ciel. Les uns, se réunissant en procession, chantoient des cantiques funèbres ; d'autres, l'esprit égaré, se confessoient à haute voix, au milieu des rues. Il arriva alors dans cette ville ce que l'on a observé dans la province de Quito, après l'affreux tremblement de terre du 4 février 1797; beaucoup de mariages furent contractés entre des personnes

CHAPITRE XIV.

qui, depuis de longues années, n'avoient pas fait sanctionner leur union par la bénédiction sacerdotale. Des enfans retrouvoient des parens qui les avoient désavoués jusque-là ; des restitutions furent promises par des personnes qu'on n'avoit jamais accusées de larcin ; des familles long-temps ennemies se rapprochèrent par le sentiment d'un malheur commun. » Si dans les uns ce sentiment sembloit adoucir les mœurs et ouvrir le cœur à la pitié, chez d'autres il avoit un effet contraire : il les rendoit plus durs et plus inhumains. Dans les grandes calamités, les ames vulgaires conservent encore moins la bonté que la force, car il en est de l'infortune comme de l'étude des lettres et de la contemplation de la nature ; ce n'est que sur un petit nombre qu'elles exercent leur heureuse influence, en donnant plus de chaleur aux sentimens, plus d'élévation à la pensée, plus de bienveillance au caractère.

« Des secousses si violentes qui, dans l'espace d'une minute [1], renversèrent la ville

---

[1] La durée du tremblement de terre, c'est-à-dire de

de Caracas, ne pouvoient être restreintes à une petite étendue du continent. Leurs effets funestes s'étendirent aux provinces de Venezuela, de Varinas et de Maracaybo, le long de la côte, et surtout dans les montagnes de l'intérieur. La Guayra, Mayquetia, Antimano, Baruta, la Vega, San Felipe et Merida furent presque entièrement détruits. Le nombre des morts excéda quatre à cinq mille à la Guayra et à la Villa de San Felipe, près des mines de cuivre d'Aroa. C'est sur une ligne qui se dirige de l'est-nord-est à l'ouest-sud-ouest de la Guayra et de Caracas, vers les hautes montagnes de Niquitao et de Merida, que le tremblement de terre paroît avoir été le plus violent. Il se fit sentir dans le royaume de la Nouvelle-Grenade, depuis les embranchemens de la haute Sierra de Santa Marta [1] jusqu'à Santa-Fe de Bogota et Honda, sur les rives de la Madeleine, à

---

l'ensemble des mouvemens d'ondulation et de soulèvement (*undulacion y trepidacion*) qui causèrent l'horrible catastrophe du 26 mars 1812, fut évaluée par les uns à 50″, par d'autres à 1′ 12″.

[1] Jusqu'à la Villa de los Remedios, et même à Carthagène des Indes.

180 lieues de distance de Caracas. Partout il fut plus fort dans les Cordillères de gneiss et de micaschiste, ou immédiatement à leur pied, que dans les plaines. Cette différence étoit surtout très-sensible dans les savanes de Varinas et de Casanare. (Elle s'explique assez facilement dans le système des géologues qui admettent que toutes les chaînes de montagnes volcaniques et non volcaniques se sont formées par soulèvement, comme à travers des crevasses.) Dans les vallées d'Aragua, situées entre Caracas et la ville de San Felipe, les secousses furent très-foibles. La Victoria, Maracay, Valencia, n'ont presque pas souffert, malgré la proximité de la capitale. Au Valecillo, à peu de lieues de distance de Valencia, la terre, entr'ouverte, jeta une si grande masse d'eau, qu'il se forma un nouveau torrent. Le même phénomène eut lieu près de Porto-Cabello[1]. D'un autre côté, le lac de Maracaybo diminua sensiblement. A Coro on n'éprouva

[1] On assure que, dans les montagnes d'Aroa, le sol, immédiatement après les grandes secousses, fut trouvé couvert d'une terre très-fine et très-blanche qui paraissait projetée par des crevasses.

aucune commotion, quoique la ville soit située sur la côte, entre d'autres villes qui ont souffert [1]. » Les pêcheurs qui avoient passé la journée du 26 mars à terre à l'île d'Orchila, 30 lieues au nord-est de la Guayra, ne sentirent pas de secousses. Ces différences, dans la direction et la propagation du choc, tiennent probablement à la disposition particulière des couches pierreuses.

Nous venons de suivre les effets du tremblement de terre à l'ouest de Caracas, jusqu'aux montagnes neigeuses de Santa Marta et au plateau de Santa-Fe de Bogota. Nous allons considérer les terrains situés à l'est de la capitale. Les commotions furent très-violentes au-delà de Caurimare, dans la vallée de Capaya, où elles s'étendirent jusque dans le méridien du cap Codera; mais il est extrêmement remarquable qu'elles furent très-foibles sur les côtes de Nueva Barcelona, de Cumana et de Paria, quoique ces côtes soient la continuation du littoral de la

[1] *Apuntamientos sobre las principales circumstancias del terremoto de Caracas por Don Manuel Palacio Fajardo.* (Manuscrit.)

Guayra, et anciennement connues pour être souvent agitées par des commotions souterraines. S'il était permis de regarder la destruction totale des quatre villes de Caracas, de la Guayra, de San Felipe et de Merida, comme due à un foyer volcanique placé sous l'île Saint-Vincent ou dans ses environs, on concevroit que le mouvement a pu se propager du nord-est au sud-ouest[1], sur une ligne qui passe par les îlots de los Hermanos, près de la Blanquilla, sans toucher les côtes d'Araya, de Cumana et de Nueva Barcelona. Cette propagation du choc pourroit même avoir eu lieu, sans qu'à la surface du globe les points intermédiaires, par exemple les îlots Hermanos, eussent senti la moindre commotion. Nous voyons fréquemment ce phénomène au Pérou et au Mexique, dans des tremblemens de terre qui suivent, depuis des siècles, une direction déterminée. Les habitans des Andes disent naïvement d'un terrain intermédiaire qui ne participe pas au mouvement général, « qu'il fait pont » *(que hace puente)*,

---

[1] A peu près sur une ligne dirigée Sud 64° Ouest.

comme s'ils voulaient indiquer par-là que ces oscillations se propagent à une immense profondeur au-dessous d'une roche inerte.

Quinze ou dix-huit heures après la grande catastrophe, le sol resta tranquille. La nuit, comme nous l'avons dit plus haut, étoit belle et calme; et ce ne fut qu'après la journée du 27 que les secousses recommencèrent, accompagnées d'un bruit souterrain (*bramido*) très-fort et très-prolongé. Les habitans de Caracas se dispersoient dans les campagnes ; mais les villages et les fermes ayant souffert comme la ville, ils ne trouvoient d'abri qu'au-delà des montagnes de los Teques, dans les vallées d'Aragua et dans les Llanos ou savanes. On sentit souvent jusqu'à quinze oscillations dans un même jour. Le 5 avril il y eut un tremblement de terre presque aussi violent que celui qui avoit détruit la capitale. Le sol resta pendant plusieurs heures dans un mouvement ondulatoire continuel. Il y eut de grands éboulemens dans les montagnes ; d'énormes masses de rochers se détachèrent de la Silla de Caracas. On prétendit même (et cette opinion est encore très-répandue

CHAPITRE XIV. 27

dans le pays) que les deux dômes de la Silla s'étoient affaissés de 50 à 60 toises. Cette assertion ne se fonde sur aucune mesure. J'ai appris que, dans la province de Quito, on s'imagine aussi, à chaque époque des grands bouleversemens, que le volcan de Tunguragua a diminué de hauteur.

On a affirmé, dans plusieurs notes publiées à l'occasion de la ruine de Caracas, « que la montagne de la Silla est un volcan éteint, que l'on trouve beaucoup de substances volcaniques dans le chemin de la Guayra à Caracas [1], que les roches n'y offrent aucune stratification régulière, et que toutes portent l'empreinte du feu. » On a même ajouté « que, douze ans avant la grande catastrophe, nous avions regardé, M. Bonpland et moi, d'après nos recherches minéralogiques et physiques, le voisinage de la Silla comme très-dangereux pour la ville,

[1] *Voyez* la Notice de M. Drouet de la Guadeloupe, traduite dans les *Trans. of New-York*, Vol. I, p. 308. L'auteur, en donnant à la Silla 900 toises de hauteur *absolue*, a confondu dans ma mesure la hauteur de la montagne au-dessus du niveau de la mer avec la hauteur au-dessus de la vallée de Caracas, ce qui fait une différence de 460 toises.

parce que cette montagne renfermoit beaucoup de soufre, et que les commotions devoient venir du côté du nord-est. » Il est assez rare que les physiciens aient à se justifier d'une prédiction accomplie; mais je regarde comme un devoir de combattre des idées que l'on adopte trop facilement sur les *causes locales* des tremblemens de terre.

Partout où le sol a été continuellement agité pendant des mois entiers, comme à la Jamaïque [1] en 1693, à Lisbonne en 1775, à Cumana en 1766, en Piémont en 1808, on s'attend à voir s'ouvrir un volcan. On oublie que c'est loin de la surface du sol qu'on doit chercher les foyers ou centres d'action; que, d'après des témoignages certains, les oscillations se propagent, et presque au même instant, à mille lieues de distance, à travers des mers d'une immense profondeur; que les plus grands bouleversemens ont lieu, non au pied des volcans actifs, mais dans des chaînes de montagnes composées de roches les plus hétérogènes. Nous avons donné, dans le livre précédent,

[1] *Phil. Trans. for* 1694, p. 99.

la description géognostique des environs de Caracas ; on y trouve des gneiss et des schistes micacés, renfermant des bancs de calcaire primitif. Les couches n'y sont guère plus fracturées, plus irrégulièrement inclinées que près de Freiberg en Saxe, et partout où des montagnes de formation primitive s'élèvent brusquement à de grandes hauteurs ; je n'y ai trouvé ni basalte ni dolerite, pas même des trachytes ou porphyres trapéens, en général aucune trace de volcan éteint, à moins qu'on ne veuille considérer les diabases ou *grünstein* primitifs enchâssés dans le gneiss, comme des masses de laves qui ont rempli des fentes. Ces diabases sont les mêmes que ceux de Bohème, de Saxe et de Franconie [1]; et, quelque opinion que l'on ait sur les causes anciennes de l'oxidation du globe à sa surface, on ne nommera pas, je pense, terrains volcaniques toutes les montagnes primitives qui renferment des mélanges d'amphibole et de feld-

---

[1] Ces *grünstein* se trouvent en Bohème, près de Pilsen, dans le granite ; en Saxe : dans les micaschistes du Scheenberg ; en Franconie, dans des schistes de transition, entre Steeben et Lauenstein.

spath grenu, soit en filons, soit en boules à couches concentriques. On ne rangera pas dans une même classe le Mont-Blanc et le Mont-d'Or. Les sectateurs d'un Vulcanisme universel, ou de l'ingénieuse théorie Huttonienne, distinguent eux-mêmes les laves qui ont coulé sous la simple pression de l'atmosphère, à la surface du globe, des couches formées par le feu sous l'immense poids de l'Océan et de roches superposées. Ils ne confondroient pas l'Auvergne et la vallée granitique de Caracas sous une même dénomination, celle d'un pays à volcans éteints.

Je n'ai jamais pu énoncer l'idée que la Silla et le Cerro de Avila, montagnes de gneiss et de micaschistes, étoient un voisinage dangereux pour la capitale, parce que, dans des *bancs subordonnés* de calcaire primitif, ces montagnes renferment beaucoup de pyrites; mais je me souviens d'avoir dit, pendant mon séjour à Caracas, que l'extrémité orientale de la Terre-Ferme, depuis le grand tremblement de terre de Quito, paroissoit dans un état d'agitation qui faisoit craindre que peu à peu la province de Venezuela n'éprouvât de fortes commotions. J'ajoutai que, lorsqu'un pays avoit été long-temps sujet à des secousses, de nouvelles communications souterraines sembloient s'ouvrir avec les pays voisins, et que les volcans des Antilles, situés dans la direction de la Silla, au nord-est de la ville, étoient peut-être les soupiraux par lesquels s'échappoient, au moment d'une éruption, les fluides élastiques qui causent les tremblemens de terre sur les côtes du continent. Il y a loin de ces considérations, fondées sur la connoissance des localités et sur de simples analogies, à une prédiction justifiée par le cours des événemens physiques.

Tandis qu'on éprouvoit à la fois, dans la vallée du Mississipi, à l'île Saint-Vincent et dans la province de Venezuela, de fortes secousses, on fut effrayé, le 30 avril 1812, à Caracas, à Calabozo, situé au milieu des steppes, et sur les bords du Rio Apure, dans une étendue de 4000 lieues carrées, par un bruit souterrain qui ressembloit à des décharges réitérées de canons du plus gros calibre. Ce bruit commença à se faire entendre dès les deux heures du matin. Il ne fut point accompagné de secousses; et, ce qui est très-remarquable, il étoit tout aussi fort sur les côtes qu'à 80 lieues de distance dans l'intérieur des terres. Partout on le croyoit transmis par l'air; et l'on étoit si loin de le regarder comme un bruit souterrain, qu'à Caracas comme à Calabozo, on fit des dispositions militaires pour mettre la place en défense contre un ennemi qui paroissoit avancer avec sa grosse artillerie. M. Palacio, en passant le Rio Apure au-dessous de l'Orivante, près du confluent du Rio Nula, apprit de la bouche des indigènes que « les coups de canon » s'étoient fait entendre tout aussi bien à l'extrémité occidentale de la province de Varinas, qu'au port de la Guayra, au nord de la chaîne côtière.

Le jour où les habitans de la Terre-Ferme furent alarmés par un bruit souterrain, étoit celui où le volcan de l'île Saint-Vincent fit une grande éruption [1]. Cette montagne, qui a près de 500 toises d'élévation, n'avoit pas

---

[1] *Barbadoes Gazette for May* 5, 1812. *Bibl. britt.*, 1813, *Mai*, p. 90. *New England Journal of Medicine*, 1813, p. 93. *Trans. of New York*, Tom. I, p. 315. *Le Blond, Voy. aux Antilles,* Tom. I, p. 187.

CHAPITRE XIV.

jeté des laves depuis l'année 1718. On en voyait à peine sortir de la fumée, lorsqu'au mois de mai 1811, de fréquentes secousses annoncèrent que le feu volcanique s'étoit, ou rallumé de nouveau, ou porté vers cette partie des Antilles. La première éruption n'eut lieu que le 27 avril 1812, à midi. Ce n'étoit qu'une éjection de cendres, mais elle fut accompagnée d'un épouvantable fracas. Le 30, la lave dépassa le bord du cratère, et atteignit la mer, après quatre heures de marche. Le bruit de l'explosion ressembloit « à des décharges alternatives de canons de gros calibre et de mousqueterie; et, ce qui est bien digne d'observation, il parut beaucoup plus fort en pleine mer, à une grande distance de l'île, qu'à la vue de terre, tout près du volcan enflammé. »

Il y a, en ligne droite, 210 lieues [1] du volcan de Saint-Vincent au Rio Apure, près de l'embouchure du Nula; les explosions ont par conséquent été entendues à une distance qui égale celle du Vésuve à Paris.

---

[1] Toujours, lorsque le contraire n'est pas expressément indiqué, des lieues marines de 20 au degré ou de 2855 toises.

Ce phénomène, auquel vient se lier un grand nombre de faits observés dans la Cordillère des Andes, prouve combien la sphère d'activité souterraine d'un volcan est plus étendue qu'on ne serait tenté de l'admettre, d'après les petits changemens produits à la surface du globe. Les détonations que l'on entend dans le Nouveau-Monde, pendant des journées entières, à 80, à 100 et même à 200 lieues de distance d'un cratère, ne nous parviennent pas par la propagation du son dans l'air; c'est un bruit qui est transmis par la terre, peut-être dans le lieu même où nous nous trouvons. Si les éruptions du volcan de Saint-Vincent, du Cotopaxi ou du Tunguragua retentissoient de si loin, comme un canon d'un volume immense, le fracas devroit augmenter en raison inverse de la distance: mais les observations prouvent que cette augmentation n'a pas lieu. Il y a plus encore: dans la mer du Sud, en partant de Guayaquil pour les côtes du Mexique, nous avons traversé, M. Bonpland et moi, des parages dans lesquels tous les matelots de notre vaisseau furent alarmés par un bruit sourd qui venoit du fond de l'Océan, et qui nous étoit communiqué par les eaux. C'étoit l'époque d'une nouvelle éruption du Cotopaxi, et nous nous trouvions éloignés de ce volcan autant que l'Etna l'est de la ville de Naples. On ne compte pas moins de 145 lieues [1] du volcan de Cotopaxi à la petite ville d'Honda, située sur les bords du Rio de la Magdalena; et cependant, lors des grandes explosions de ce volcan, en 1744, on entendit à Honda un bruit souterrain que l'on prit pour des décharges de grosse artillerie. Les moines de Saint-François répandirent la nouvelle que Carthagène étoit assiégée et bombardée par les Anglois, et cette nouvelle fut accueillie par tous les habitans. Or, le volcan de Cotopaxi est un cône qui s'élève à plus de 1800 toises au-dessus du bassin d'Honda: il se détache d'un plateau dont la hauteur est encore de 1500 toises au-dessus de la vallée de la Madeleine. Toutes les montagnes colossales de Quito, de la province de los Pastos et de Popayan, des vallées et

---

[1] C'est la distance du Vésuve au Mont-Blanc.

des crevasses sans nombre se trouvent interposées. On ne peut admettre que, dans ces circonstances, le bruit soit transmis par l'air ou par la couche supérieure du globe, et qu'il soit venu du point où se trouvent le cône et le cratère du Cotopaxi. Il paroît probable que la partie élevée du royaume de Quito et des Cordillères voisines, loin d'être un groupe de volcans isolés, forment une seule masse bombée, un énorme mur volcanique prolongé du sud au nord, et dont la crête offre près de 600 lieues carrées de superficie. Le Cotopaxi, Tunguragua, l'Antisana, le Pichincha, sont placés sur cette même voûte, sur ce même terrain soulevé. On leur donne des noms différens, quoique ce ne soient que différens sommets d'un même massif volcanique. Le feu se fait jour, tantôt par l'un, tantôt par l'autre de ces sommets. Les cratères obstrués nous paroissent des volcans éteints; mais il est à présumer que, lorsque le Cotopaxi ou Tunguragua ne font qu'une ou deux éruptions dans le cours d'un siècle, le feu n'en est continuellement pas moins actif sous la ville de Quito, sous Pichincha et Imbaburu.

En avançant vers le nord, nous trouvons, entre le volcan de Cotopaxi et la ville d'Honda, deux autres *systèmes de montagnes volcaniques*, ceux de los Pastos et de Popayan. La liaison de ces systèmes s'est manifestée dans les Andes d'une manière incontestable par un phénomène que j'ai déjà eu occasion de citer, en parlant de la dernière destruction de Cumana. Une colonne épaisse de fumée sortoit, depuis le mois de novembre 1796, du volcan de Pasto, situé à l'ouest de la ville de ce nom, près de la vallée du Rio Guaytara. Les bouches du volcan sont latérales et se trouvent sur sa pente occidentale; mais, pendant trois mois consécutifs, la colonne de fumée s'éleva tellement au-dessus de la crête de la montagne, qu'elle fut constamment visible aux habitans de la ville de Pasto. Tous nous ont assuré qu'à leur plus grand étonnement, le 4 février 1797, ils virent disparoître tout-à-coup la fumée, sans qu'aucune commotion se fît sentir. C'étoit l'instant où, 65 lieues au sud, entre le Chimborazo, le Tunguragua et l'Altar (Capac-Urcu), la ville de Riobamba fut détruite par un tremblement de terre le plus funeste de tous ceux dont la tradition nous ait conservé la mémoire. Comment douter, d'après cette coïncidence de phénomènes, que les vapeurs sorties des petites bouches ou *ventanillas* du volcan de Pasto ne participassent à la pression des fluides élastiques qui ont ébranlé le sol du royaume de Quito, en faisant périr en peu d'instans trente à quarante mille habitans?

Pour expliquer ces grands effets des *réactions volcaniques*, pour prouver que le groupe ou *système de volcans* des îles Antilles peut ébranler de temps en temps la Terre-Ferme, j'ai dû citer la Cordillère des Andes. Ce n'est que par l'analogie des faits récens, et par conséquent bien avérés, que l'on peut étayer un raisonnement géologique; et dans quelle autre région du globe trouveroit-on des phénomènes volcaniques à la fois plus grands et plus variés que dans cette double chaîne de montagnes soulevées par le feu, dans cette terre, que sur chaque cime, dans chaque vallon, la nature a couverte de ses merveilles? Si l'on considère un cratère enflammé comme un phénomène isolé, si l'on se borne à évaluer la masse des produits pierreux qui en sont sortis, l'action volcanique à la surface actuelle du globe ne nous paroît ni très-puissante ni très-étendue. Mais l'image de cette action s'agrandit dans la pensée, à mesure que nous étudions les rapports qui lient entre eux les volcans d'un même groupe, par exemple ceux de Naples et de Sicile, des îles Canaries [1], des Açores,

[1] J'ai déjà rappelé plus haut (Tom. I, Chap. II, p. 390) comment tout le groupe des îles Canaries est placé, pour ainsi dire, sur un même volcan soumarin, dont le feu, depuis le 16e siècle, s'est fait jour alternativement dans les îles Palma, Ténériffe et Lancerote. L'Auvergne nous offre tout un système de volcans dont l'action a cessé; mais au milieu d'un système de volcans actifs, par exemple dans celui de Quito, on ne doit pas regarder comme un *volcan éteint* une montagne dont le cratère est obstrué, et par laquelle le feu souterrain ne s'est plus fait jour depuis des siècles. L'Etna, les îles Eoliennes, le Vésuve et l'Epomeo; le Pic de Teyde, Palma et Lancerote; Saint-Michel, la Caldeira de Fayal et Pico; Saint-Vincent, Sainte-Lucie et la Guadeloupe; l'Orizava, le Popocatepec, le Jorullo et la Colima; le Bombacho, le volcan de Granada, le Telica, le Momotombo, l'Isalco et le volcan de Guatimala; Cotopaxi, Tunguragua, Pichincha, Antisana et Sangay appartiennent à un même *système de volcans* enflammés. Ils sont généralement rangés par files, comme s'ils étoient sortis par une crevasse ou filon non rempli; et, ce qui est très-remarquable, leur

des Petites-Antilles, du Mexique, de Guatimala et du plateau de Quito, à mesure que nous examinons, soit les réactions de ces différens systèmes de volcans les uns sur les autres, soit les distances auxquelles, par des communications souterraines, ils agitent la terre simultanément. L'étude des volcans offre deux parties très-distinctes. L'une, purement minéralogique, a pour objet l'examen des couches pierreuses altérées ou produites par l'action du feu, depuis la formation des trachytes ou porphyres trapéens, des basaltes, des phonolithes et des dolérites, jusqu'aux laves les plus récentes. L'autre partie, moins accessible et plus négligée, embrasse les rapports physiques qui lient les volcans entre eux, l'influence qu'exerce un système de volcans sur un autre système, l'enchaînement qui se manifeste entre l'action des montagnes enflammées et les secousses qui ébranlent la terre à de grandes distances, et pendant long-temps, dans les mêmes directions. Elle ne peut faire des progrès que

alignement est tantôt dans la direction générale des Cordillères, tantôt opposé à cette direction. (*Essai politique sur le Mexique*, Tom. I, p. 253.)

CHAPITRE XIV. 41

lorsqu'on note avec soin les diverses époques de l'action simultanée, la direction, l'étendue et la force des commotions, leur avancement progressif dans des régions qu'elles n'avaient point encore atteintes [1], la coïncidence d'une éruption volcanique lointaine, et de ces bruits souterrains, qu'à cause de leur force, les habitans des Andes désignent d'une manière très-expressive par les dénominations de *rugissemens* et de *tonnerres souterrains* [2]. Toutes ces données sont du domaine de l'*histoire de la nature*, science à laquelle on n'a pas même conservé son nom, et qui, comme toute histoire, commence par des temps qui nous paroissent fabuleux, par des catastrophes dont notre imagination ne peut saisir la violence et la grandeur.

On s'est long-temps borné à étudier l'histoire de la nature dans les vieux monumens enfouis dans les entrailles de la terre; mais si le cercle étroit où se trouvent renfermées les traditions certaines, ne présente pas de ces bouleversemens généraux qui ont sou-

[1] *Voyez* plus haut, Tom. 2, chap. IV, p. 293.
[2] *Bramidos y truenos subterraneos.*

levé les Cordillères et enseveli des myriades d'animaux pélagiques, la nature, agissant sous nos yeux, ne nous en offre pas moins des changemens tumultueux, quoique partiels, dont l'étude peut répandre du jour sur les époques les plus reculées. C'est dans l'intérieur du globe que résident ces forces mystérieuses dont les effets se manifestent à la surface par la production de vapeurs, de scories incandescentes, de nouvelles roches volcaniques et de sources thermales, par des soulèvemens d'îles et de montagnes, par des commotions qui se propagent avec la rapidité du choc électrique, enfin par ces tonnerres souterrains [1] qui, pendant

[1] Ceux qui alarmèrent les habitans de la ville de Guanaxuato, au Mexique, durèrent depuis le 9 janvier jusqu'au 12 février 1784. Ce phénomène, presque unique parmi les phénomènes exactement observés, sera décrit dans la suite de cette *Relation*. Il suffit de rappeler ici que la ville est située 40 lieues au nord du volcan de Jorullo, 60 lieues au nord-ouest du volcan de Popocatepetl. Dans des endroits placés plus près de ces deux volcans, à trois lieues de distance de Guanaxuato, les tonnerres souterrains ne furent point entendus. Le bruit étoit circonscrit dans un espace très-étroit, dans la région d'un schiste primitif qui se rapproche du schiste de transition, qui renferme les mines d'ar-

des mois entiers, et sans ébranler la terre, se font entendre dans des régions très-éloignées des volcans actifs.

A mesure que l'Amérique équinoxiale augmentera en culture et en population, et que les systèmes de volcans du plateau central du Mexique, des Petites-Antilles, de Popayan, de los Pastos et de Quito seront plus assidument observés, la connexité des éruptions et des tremblemens de terre qui précèdent ces éruptions et les accompagnent quelquefois, sera plus universellement reconnue. Les volcans que nous venons de nommer, surtout ceux des Andes, qui dépassent l'énorme hauteur de 2500 toises, offrent de grands avantages pour l'observation. Les époques de leurs éruptions sont singulièrement marquées. Ils restent trente à quarante ans sans jeter des scories, des cendres, même des vapeurs. Dans cet intervalle, je n'ai vu aucune trace de fumée au-dessus du sommet de Tunguragua et de Cotopaxi. Une bouffée de vapeurs sortant

gent les plus riches du monde connu, et sur lequel sont superposés des porphyres trapéens, des schistes et des diabases (*grünstein.*)

du cratère du Vésuve, attire à peine l'attention des habitans de Naples; ils sont accoutumés aux mouvemens de ce petit volcan qui jette quelquefois des scories pendant deux ou trois années consécutives. Il est alors difficile de juger si les jets de scories ont été plus fréquens au moment d'un tremblement de terre qui s'est fait sentir dans les Apennins. Sur le dos des Cordillères, tout prend un caractère plus prononcé. Une éruption de cendres, qui ne dure que quelques minutes, est souvent suivie d'un calme de dix ans. Dans de pareilles circonstances, il est aisé de noter des époques et de reconnoître la coïncidence des phénomènes.

Si, comme on ne sauroit en douter, la destruction de Cumana, en 1797, et celle de Caracas, en 1812, indiquent l'influence des volcans des Petites-Antilles [1] sur les com-

---

[1] Voici la série des phénomènes :

27 *septembre* 1796. Éruption aux Petites-Antilles (Volcan de la Guadeloupe).

Novembre 1796. Le volcan de Pasto commence à jeter de la fumée.

14 *décembre* 1796. Destruction de Cumana.

4 *février* 1797. Destruction de Riobamba.

30 *janvier* 1811. Apparition de l'île Sabrina aux

CHAPITRE XIV. 45

motions qu'éprouvent les côtes de la Terre-Ferme, il sera utile, avant de terminer ce Chapitre, de jeter un coup d'œil rapide sur cet archipel méditerranéen. Les îles volcaniques forment la cinquième partie du grand arc qui s'étend depuis la côte de Paria jusqu'à la péninsule de la Floride. Dirigées du sud au nord, elles ferment du côté de l'est cette mer intérieure, tandis que les Grandes-Antilles offrent comme les débris d'un groupe de montagnes primitives dont le sommet paroît avoir été entre le cap Abacou, le cap

Açores. Elle augmente surtout le 15 juin 1811.

Mai 1811. Commencement des tremblemens de terre de l'île Saint-Vincent, qui durèrent jusqu'en mai 1812.

16 *décembre* 1811. Commencement des commotions dans la vallée du Mississipi et de l'Ohio, qui durèrent jusqu'en 1813.

Décembre 1811. Tremblement de terre à Caracas.

26 *mars* 1812. Destruction de Caracas. Tremblemens de terre qui continuèrent jusqu'en 1813.

30 *avril* 1812. Éruption du volcan de Saint-Vincent, et, le même jour, bruits souterrains à Caracas et sur les bords de l'Apure.

Morant et les *Montagnes de Cuivre*, au point où les îles de Saint-Domingue, de Cuba et de la Jamaïque sont le plus rapprochées. Lorsqu'on regarde le bassin de l'Atlantique comme une immense *vallée* [1] qui sépare les deux continens, et dans laquelle, depuis les 20° sud jusqu'aux 30° nord, les angles saillans (le Brésil et la Sénégambie) correspondent aux angles rentrans (le golfe de Guinée et la mer des Antilles), on est conduit à admettre que cette dernière mer a été creusée par des courans qui portoient, comme le *courant de rotation* actuel, de

---

[1] *Voyez* ma première esquisse géologique de l'Amérique méridionale, que M. Delametherie a publiée dans le *Journal de Physique*, Tom. LIII, p. 33. Les côtes de l'ancien continent, entre les 5° et 10° nord, ont la même direction (du S.E. au N.O.) que les côtes de l'Amérique, entre les 8° sud et 10° nord. La direction des côtes est, au contraire, du S.O. au N.E. en Amérique entre les 30° et 72°; dans l'ancien continent, entre les 25° et 70°. La vallée est plus étroite (de 300 lieues) entre le cap Saint-Roch et Sierra Leone. En suivant vers le nord les côtes du Nouveau-Continent, depuis son extrémité pyramidale ou le détroit de Magellan, on croit reconnoître les effets d'une impulsion dirigée d'abord vers le nord-est, puis vers le nord-ouest, et enfin encore vers le nord-est.

CHAPITRE XIV. 47

l'est à l'ouest, et qui ont donné aux côtes méridionales de Porto-Rico, de Saint-Domingue et de l'île de Cuba[1] une configuration si uniforme. Cette supposition, assez probable, d'une irruption pélagique, a fait naître deux autres hypothèses sur l'origine des Petites-Antilles. Quelques géologues admettent que cette chaîne d'îles non interrompue, depuis la Trinité jusqu'à la Floride, offre les débris d'une ancienne chaîne de montagnes. Ils réunissent cette chaîne, tantôt aux granites de la Guiane françoise, tantôt aux montagnes calcaires de Paria. D'autres, frappés de la différence de constitution géognostique entre les montagnes primitives des Grandes-Antilles et les cônes volcaniques des Petites-Antilles, considèrent ces dernières comme sorties du fond des eaux.

En se rappelant l'alignement qu'affectent le plus souvent les soulèvemens volcaniques, lorsqu'ils ont lieu à travers des crevasses longuement prolongées, on trouve qu'il est difficile de juger, d'après la simple

---

[1] Entre le cap Mayzi et le cap Cruz.

disposition des cratères, si les volcans ont appartenu jadis à une même chaîne, ou s'ils ont toujours été isolés. En supposant que l'Océan fît une éruption, soit dans la partie orientale de l'île de Java [1], soit dans les Cordillères de Guatimala et de Nicaragua, là où tant de montagnes enflammées forment une même chaîne, cette chaîne seroit partagée en plusieurs îlots et ressembleroit parfaitement à l'archipel des Petites-Antilles. La réunion de formations primitives et de roches volcaniques dans une même rangée continue de montagnes n'a aussi rien d'étrange : on la reconnoît très-distinctement dans mes *coupes* géognostiques de la Cordillère des Andes. Les trachytes et basaltes de Popayan se trouvent séparés du système des volcans de Quito par les schistes micacés d'Almaguer; les volcans de Quito, des trachytes de l'Assuay par les gneiss du Condorasto et de Guasunto [2]. Il n'existe pas une véritable

[1] *Raffles, History of Java*, 1817, p. 23-28. L'alignement principal des volcans de Java, sur une distance de 160 lieues, passe de l'ouest à l'est, par les montagnes de Gagak, Gedé, Tankuban-Prahu, Ungarang, Merapi, Lawu, Wilis, Arjuna, Dasar et Tashem.

[2] Comparez *Nivellement barométrique et Tableau des*

chaîne de montagnes dirigée du sud-est au nord-ouest, de l'Oyapoc aux bouches de l'Orénoque, et dont les Petites-Antilles puissent être une prolongation septentrionale. Les granites de la Guiane, de même que les schistes amphiboliques [1] que j'ai vus près de l'Angostura, sur les rives du Bas-Orénoque, appartiennent aux montagnes de Pacaraimo et de la Parime, qui s'étendent de l'ouest à l'est [2] dans l'intérieur du continent, et non parallèlement à la direction des côtes, entre les embouchures de l'Amazone et de l'Orénoque : mais, quoiqu'à l'extrémité nord-est de la Terre-Ferme, on ne trouve aucune chaîne qui ait la même direction que l'archipel des Petites-Antilles, il ne suit point de cette circonstance seule, que les montagnes volcaniques de l'Archipel ne puissent avoir appartenu originairement au continent, à

---

formations des Andes, dans mes *Obs. astr.*, Tom. I, p. 303 et 311. (N. 125-220.)

[1] *Hornblendschiefer*, Amphibolites schistoïdes de M. Brongniart.

[2] Des cataractes d'Atures vers le Rio Esquibo. Cette chaîne de Pacaraimo divise les eaux du Carony et du Rio Parime ou Rio de Aguas blancas. Voyez mon *Analyse de l'Atlas géogr.*, Pl. XVI.

la chaîne côtière de Caracas et de Cumana [1].

En combattant les objections de quelques naturalistes célèbres, je suis loin de soutenir l'ancienne contiguïté de toutes les Petites-Antilles. J'incline plutôt à les regarder comme des îles soulevées par le feu, et rangées du sud au nord avec cette régularité d'alignement dont tant de buttes volcaniques en Auvergne, au Mexique et au Pérou, offrent les exemples les plus frappans. Le peu que nous savons jusqu'ici de la constitution géognostique de l'Archipel, nous le fait connoître comme très-semblable à celui des Açores et des Canaries. Les formations pri-

---

[1] Parmi les nombreux exemples qu'offre la charpente du globe, nous rappellerons seulement : en Europe, l'inflexion en angle droit que forme la haute chaîne des Alpes vers les Alpes maritimes; en Asie, le Belour-tâgh qui réunit transversalement le Mouz-tâgh avec l'Himalaya. Au nombre des préjugés qui arrêtent les progrès de la géographie minéralogique, on peut compter, 1° la supposition d'une parfaite constance de direction dans les chaînes de montagnes; 2° l'hypothèse de la connexité de toutes les chaînes; 3° la supposition que les plus hautes cimes déterminent la direction d'une chaîne centrale; 4° l'idée que, partout où naissent de grandes rivières, on peut admettre de grands plateaux ou des montagnes très-élevées.

mitives n'y sont nulle part au jour[1]; on n'y trouve que ce qui appartient directement aux volcans, des laves feldspathiques, des dolérites, des basaltes, des aglomérats de scories, des ponces et des tufs. Parmi les formations calcaires, il faut distinguer celles qui sont essentiellement subordonnées aux tufs volcaniques [2], de celles qui paraissent l'ouvrage

[1] Selon MM. Moreau de Jonnès et Cortès (*Journal de Phys.*, Tom. LXX, p. 129). Dupuget et Le Blond avoient cru reconnoître du granite dans la Montagne Pelée de la Martinique et dans d'autres parties de l'Archipel. (*Voyage aux Antilles*, Tom. I, p. 87, 274 et 410.) Le gneiss a été indiqué comme constituant une partie de la soufrière de l'île Saint-Christophe. On ne sauroit trop se méfier de ces indications de roches dans des ouvrages dont les auteurs sont moins familiarisés avec les noms qu'avec les objets. Quelle fut ma surprise lorsque, pendant mon séjour à Santa-Fe de Bogota, M. Mutis me montra, dans le *Journal de Physique*, 1786, p. 321, un mémoire de M. Le Blond, dans lequel ce voyageur, d'ailleurs estimable, décrit le plateau de Bogota, où il a résidé des années entières, comme un plateau *granitique*. On n'y trouve que des formations secondaires, des grès et des gypses, pas même des fragmens détachés de granite.

[2] Nous en avons cité plus haut (Tom. 4, p. 331), d'après M. de Buch, à Lancerote et à Fortaventure, dans le système des îles Canaries. Parmi les petites-Antilles, des îlots entièrement calcaires sont, d'après

des madrépores et d'autres zoophytes. Les dernières, selon M. Moreau de Jonnès, paroissent appuyées sur des écueils de nature volcanique. Les montagnes qui offrent des traces d'embrasemens plus ou moins récentes, et dont quelques-unes atteignent presque 900 toises d'élévation, sont toutes placées sur la lisière occidentale des Petites-Antilles[1]. Chaque île n'est pas l'effet d'un seul soulèvement : la plupart paroissent formées de masses isolées qui se sont progressivement réunies[2]. Les matières n'ont pas été lancées

---

M. Cortès ; Marigalante, la Désirade, la grande Terre de la Guadeloupe et les Grenadilles. Selon l'observation de ce même naturaliste, Curaçao et Bonaire (*Buen Ayre*) n'offrent aussi que des formations calcaires. M. Cortès divise les Antilles, 1.º en celles qui renferment à la fois des formations primitives, secondaires et volcaniques, comme les Grandes-Antilles ; 2.º celles qui sont entièrement calcaires (ou du moins réputées telles), comme Marigalante et Curaçao ; 3.º celles qui sont à la fois volcaniques et calcaires, comme Antigue, Saint-Barthélemi, Saint-Martin et Saint-Thomas ; 4.º celles qui n'offrent que des roches volcaniques, comme Saint-Vincent, Sainte-Lucie et Saint-Eustache.

[1] *Voyez* les observations de M. Amic, dans le *Rapport sur l'état du volcan de la Guadeloupe*, en 1797, p. 17.

[2] *Voyez* plus haut, tom. I, Chap. II, p. 394.

CHAPITRE XIV. 53

par une seule bouche, mais par plusieurs; de sorte que souvent une île de peu d'étendue renferme tout un système de volcans[1], des régions purement basaltiques et d'autres couvertes de laves récentes. Les volcans encore enflammés sont ceux de Saint-Vincent, de Sainte-Lucie et de la Guadeloupe. Le premier a jeté des laves en 1718 et 1812 : dans le second, il y a formation continuelle de soufre par la condensation des vapeurs qui s'échappent des fentes d'un ancien cratère. Le volcan de la Guadeloupe a eu sa dernière éruption en 1797. La soufrière de Saint-Cristophe brûloit encore en 1692. A la Martinique, le cratère qu'environnent les cinq Pitons du Carbet, le Vauclin et la montagne Pelée, doivent être considérés comme trois volcans éteints. On y a souvent confondu les effets de la foudre avec ceux du feu souterrain. Aucune bonne observation n'a constaté la prétendue éruption[2] du

---

[1] Ces phénomènes se trouvent très-bien indiqués dans les belles cartes géologiques que va publier M. Moreau de Jonnès.

[2] *Journal des Mines*, Tom. III, p. 59. Pour offrir, sous un même point de vue, tout le *système des vol-*

22 janvier 1792. Il en est du groupe de volcans des Petites-Antilles comme de celui

cans des Petites-Antilles, je vais suivre dans cette note l'alignement des îles du sud au nord : *Grenade*, ancien cratère rempli d'eau ; sources bouillantes ; basaltes entre Saint-George et Goave. — *Saint-Vincent*, volcan enflammé. — *Sainte-Lucie*, soufrière très-active, l'Oualibou, de deux à trois cents toises de hauteur; jets d'eaux chaudes qui remplissent périodiquement de petits bassins. — *Martinique*, trois grands volcans éteints : le Vauclin, les Pitons du Carbet, qui sont peut-être les cimes les plus élevées des Petites-Antilles, et la Montagne Pelée. (Hauteur de la dernière montagne, probablement 800 toises; d'après Le Blond, 670 t.; d'après Dupuget, 736 t. Entre le Vauclin et les laves feldspathiques des Pitons du Carbet se trouve, d'après M. Moreau de Jonnès, dans un rétrécissement des terres, une région de basaltes anciens, appelée la Roche carrée.) Eaux chaudes du Prêcheur et du Lamentin. — *Dominique*, toute volcanisée. — *Guadeloupe*, volcan actif, dont la hauteur, d'après Leboucher, 779 t.; d'après Amic, 850 t. — *Montserrat*, soufrière; belles laves porphyritiques avec de grands cristaux de feldspath et d'amphibole près Galloway, d'après M. Nugent. — *Nièves*, soufrière. — *Saint-Christophe*, soufrière au Mont-Misère. — *Saint-Eustache*, cratère d'un volcan éteint, environné de pierres ponces. (La Trinité, traversée par une chaîne de schistes primitifs, paroît avoir fait partie jadis de la chaîne côtière de Cumana et non du système de montagnes des Petites-Antilles. Edwards, *Hist. of the West. Ind.*, Tom. III, p. 275. *Dauxion Lavaysse*, Tom. II, p. 60.)

des volcans de Quito et de los Pastos. Des bouches avec lesquelles les feux souterrains ne paroissent plus communiquer, sont placées dans un même alignement avec des cratères enflammés et alternent avec eux.

Malgré les rapports intimes qui se manifestent entre l'action des volcans dans les Petites-Antilles et les tremblemens de terre de la Terre-Ferme, il arrive assez souvent que les secousses que l'on ressent dans l'archipel volcanique ne se propagent ni à l'île de la Trinité ni aux côtes de Cumana et de Caracas. Ce phénomène n'a rien qui puisse nous surprendre. Dans les Petites-Antilles même, les mouvemens restent souvent restreints à une seule île. La grande éruption du volcan de Saint-Vincent, en 1812, ne causa pas de tremblement de terre à la Martinique et à la Guadeloupe. On y entendit, comme à Venezuela, de fortes détonations, mais le sol resta tranquille.

Ces mêmes détonations, qu'il ne faut pas confondre avec les roulemens qui précèdent partout les plus foibles commotions, se font sentir assez fréquemment sur les rives de l'Orénoque, et surtout, comme on nous l'a assuré sur les lieux, entre le Rio Arauca et le Cuchivero. Le père Morello raconte que, dans la mission de Cabruta, les bruits souterrains ressembloient quelquefois tellement à des décharges de pierriers (*pedreros*), que l'on croyait entendre de loin un combat. Le 21 octobre 1766, jour du terrible tremblement de terre qui désola la province de la Nouvelle-Andalousie[1], le sol fut agité à la fois à Cumana, à Caracas, à Maracaybo, sur les rives du Casanare, du Meta, de l'Orénoque et du Ventuario. Le père Gili[2] a décrit ces commotions dans une région entièrement granitique, à la mission de l'Encaramada, où elles furent accompagnées de fortes détonations. Il y eut de grands éboulemens dans la montagne Paurari, et près du rocher Aravacoto un îlot disparut dans l'Orénoque. Les mouvemens d'ondulation continuèrent pendant une heure entière. C'étoit comme le premier signal de ces agitations violentes que ressentirent, pendant plus de dix mois, les côtes de Cumana et de Cariaco. On devroit

---

[1] *Voyez* plus haut, Chap. iv, Tom. II, p. 273.
[2] *Saggio di Storia Americana*, Tom. II, p. 6.

croire que des hommes dispersés dans les bois, n'ayant d'autre abri que des cabanes construites en roseaux et en feuilles de palmiers, ne devroient pas redouter les tremblemens de terre. Cependant les Indiens de l'Erevato et du Caura en sont effrayés, comme d'un phénomène qui se présente assez rarement, qui épouvante les animaux dans les forêts et fait sortir les crocodiles du fond des eaux sur les plages. Plus près de la mer, où les secousses sont très-communes, les indigènes, loin de les appréhender, les regardent avec satisfaction comme le pronostic d'une année humide et fertile.

J'ai suivi, dans cette discussion sur les tremblemens de terre de la Terre-Ferme et sur les volcans de l'archipel voisin des Antilles, le plan général que je me suis proposé dans cet ouvrage. J'ai rapporté d'abord un grand nombre de faits isolés, et puis je les ai considérés dans leur ensemble. Tout annonce, dans l'intérieur du globe, l'action de forces vives qui réagissent les unes sur les autres, qui se balancent et se modifient. Plus nous ignorons les causes de ces mouvemens d'ondulation, de ces dégagemens de chaleur, de ces formations de fluides élastiques, et plus il est du devoir du physicien d'étudier les rapports que ces phénomènes présentent à de grandes distances et d'une manière si uniforme. Ce n'est qu'en envisageant ces divers rapports sous un point de vue général, en les suivant sur une grande étendue de la surface du globe, à travers les formations de roches les plus différentes, qu'on est porté à abandonner la supposition de petites causes locales, de couches de pyrites ou de charbon de terre enflammé [1].

[1] Je trouve affirmé, dans un ouvrage d'ailleurs également riche en vues ingénieuses et en faits bien observés, les *Essais géologiques* de M. Steffens (*Geognostich-geologische Aufsäze*, p. 325), que « les sources chaudes, les tremblemens de terre et les éruptions volcaniques n'ont lieu que là où il y a des couches de charbon de terre, parce qu'elles seules peuvent fournir à la combustion, et entretenir, dans le grand appareil électromoteur de la terre, une forte tension électrique. Si l'on a cru observer ces phénomènes dans des formations primitives, comme récemment dans l'Amérique méridionale, on aura confondu, dit l'auteur, des porphyres secondaires (*Flötzporphyre*), qui peuvent renfermer des couches de houille, avec des porphyres primitifs. »

CHAPITRE XIV.

Voici la série des phénomènes qu'offrent les côtes septentrionales de Cumana, de Nueva Barcelona et de Caracas, et que l'on

Nous venons de décrire les tremblemens de terre dans des terrains entièrement granitiques, dans de vastes régions où, comme sur les rives de l'Orénoque, aucune autre formation primitive ou secondaire n'est superposée au granite. Nous verrons bientôt que des sources bouillantes jaillissent, comme de préférence, du granite et du gneiss, et que les trachytes ou porphyres trapéens des Andes, bien loin d'appartenir à la formation du grès rouge ou à ces *Flötzporphyres* que MM. Steffens et Freiesleben nous ont fait si bien connoître, sortent, au milieu de terrains volcaniques, du schiste micacé et du gneiss. La nature et la disposition des couches dans l'intérieur de la terre, surtout dans les terrains primitifs, me paroissent d'ailleurs peu favorables à l'hypothèse d'une grande pile qui causeroit des secousses à la surface du globe, et donneroit (par l'effet chimique de l'appareil électro-moteur) aux sources salées et aux eaux thermales une constance si extraordinaire de mélange et de pesanteur spécifique. (*Geogn. Aufs*, p. 322 et 335.) Lorsqu'on a long-temps vécu, comme moi, dans la Cordillère des Andes, qu'on a entendu ces détonations qui se propagent par l'intérieur de la terre, qu'on a vu ces énormes effets de soulèvemens, ces terrains bombés qui, en se crevassant, jettent d'immenses quantités d'eau, de boue et de vapeurs, il est difficile de ne pas croire à des creux, à des communications entre la partie oxidée du globe et une partie qui abonde encore en métalloïdes, en sul-

croit être liés aux causes qui produisent les tremblemens de terre et les coulées de laves. Nous commencerons par l'extrémité la plus orientale, par l'île de la Trinité, qui, comme nous l'avons indiqué plus haut, semble plutôt appartenir au littoral qu'au système de montagnes des îles Antilles.

Goufre qui vomit de l'asphalte dans la baie de Mayaro, sur la côte orientale de l'île de la Trinité, au sud de la Pointe Guataro. C'est la *mine de Chapapote* ou goudron minéral du pays. On assure qu'aux mois de mars et de juin, les éruptions sont souvent accompagnées de fortes détonations, de fumée et de flammes. Presque sur le même parallèle, aussi dans la mer, mais à l'ouest de l'île (près de Punta de la Brea, au sud du port de Naparaimo), on trouve un soupirail semblable. Sur la côte voisine, dans un terrain argileux, se présente le fameux lac d'Asphalte (*Laguna de la Brea*), marais dont les eaux

---

fures de silicium et autres substances non oxidées. Voyez plus haut, Tom. I, Chap. II, p. 398, et Tom. II, Chap. IV, p. 302.

CHAPITRE XIV.

ont une température égale à celle de l'atmosphère. Les petits cônes situés à l'extrémité sud-ouest de l'île, entre la Pointe Icacos et le Rio Erin, paroissent avoir quelque analogie avec les volcans d'air et de boue que j'ai trouvés à Turbaco, dans le royaume de la Nouvelle-Grenade [1]. Je cite les gisemens de l'asphalte, à cause des circonstances remarquables qui leur sont propres dans ces régions; car je n'ignore pas que le naphte, le pétrole et l'asphalte se trouvent à la fois dans des terrains volcaniques et secondaires [2], et plus souvent même dans les derniers. Le pétrole nage, trente lieues au nord de la Trinité, au-

---

[1] *Dauxion-Lavaysse*, *Voyage à la Trinité*, p. 25, 30 et 33.

[2] Les émanations inflammables (du gaz hydrogène qui tient du naphte en suspension) de Pietra Mala sortent de la pierre calcaire alpine que l'on peut suivre de Covigliano à Raticofa, et qui repose sur du grès ancien près de Scarica l'Asino. Sous ce grès ancien (*grès rouge*), se trouve du calcaire noir de transition et la *grauwakke* (Psammite quarzeuse) de Florence. Sur les asphaltes des montagnes secondaires de la Thuringe, voyez *Freiesleben*, *Kupferschiefer*, Tom. III, p. 27; IV, p. 338. (*Hausmann Nordteutsche Beitr.*, St. 1, p. 93.)

tour de l'île de la Grenade, qui a un cratère éteint et des basaltes.

Sources chaudes d'Irapa, à l'extrémité nord-est de la Nouvelle-Andalousie, entre Rio Caribe, Soro et Yaguarapayo.

Volcan d'air ou *Salce* de Cumacatar, au sud de San Jose et de Carupano, près de la côte septentrionale du continent, entre la *Montaña de Paria* et la ville de Cariaco. Des détonations presque continuelles se font sentir dans un terrain argileux qu'on assure être imprégné de soufre. Des eaux chaudes hydro-sulfureuses jaillissent avec une telle violence, que le sol est agité par des secousses très-sensibles. On prétend avoir vu sortir fréquemment des flammes depuis l'époque du grand tremblement de terre de 1797. Ces faits mériteroient d'être constatés par un voyageur instruit.

Source de pétrole du Buen Pastor, près du Rio Areo. On a trouvé de grandes masses de soufre dans des terres argileuses à Guayuta, comme dans la vallée de San Bonifacio [1] et près du confluent du Rio Pao avec l'Orénoque.

[1] Tom. 3, Chap. VIII, p. 232.

CHAPITRE XIV.

Aguas calientes, au sud du Rio Azul, et terrain creux de Cariaco, qui, lors des grands tremblemens de terre de Cumana, a vomi des eaux hydro-sulfureuses et du pétrole visqueux [1].

Eaux chaudes du golfe de Cariaco [2].

Source de pétrole dans le même golfe, près de Maniquarez. Elle jaillit du mica-schiste [3].

Flammes sorties de terre, près de Cumana, sur les bords du Manzanares, et à Mariguitar [4], sur la rive australe du golfe de Cariaco, à l'occasion du tremblement de terre de 1797.

Phénomènes ignés de la montagne de Cuchivano, près de Cumanacoa [5].

Source de pétrole jaillissant d'un bas-fond au nord des îles Caracas [6]. L'odeur de la source indique de loin aux vaisseaux le danger d'un bas-fond sur lequel il n'y a qu'une brasse d'eau.

[1] Tom. II, Chap. IV, p. 274, et Tom. III, Chap. VIII, p. 233.
[2] Tom. III, Chap. VIII, p. 250.
[3] Tom. II, Chap. V, p. 369.
[4] Tom. II, Chap. IV, p. 277.
[5] Tom. III, Chap. VI, p. 102.
[6] Tom. IV, Chap. XI, p. 66.

Sources chaudes de la montagne du Brigantin, près de Nueva Barcelona. Température 43°,2 centigrades.

Sources chaudes du Provisor, près de San Diego, dans la province de Nueva Barcelona.

Sources chaudes d'Onoto, entre Turmero et Maracay, dans les vallées d'Aragua, à l'ouest de Caracas.

Sources chaudes de Mariara, dans les mêmes vallées. Température 58°,9.

Sources chaudes de las Trincheras, entre Porto-Cabello et Valencia, sortant du granite, comme celles de Mariara, et formant une rivière d'eaux chaudes, *Rio de aguas calientes*. Température 90°,4.

Sources bouillantes de la Sierra Nevada de Merida.

Soupirail de Mena, sur les bords du lac de Maracaybo; il vomit de l'asphalte et dégage (à ce qu'on assure) des émanations gazeuses qui s'enflamment d'elles-mêmes, et s'aperçoivent de très-loin.

Ce sont là les sources de pétrole et d'eaux

chaudes, les météores ignés, les éjections de matières boueuses accompagnées de détonations, que j'ai appris à connoître dans les vastes provinces de Venezuela, sur une étendue de 200 lieues, de l'est à l'ouest. Ces divers phénomènes ont singulièrement agité l'imagination des habitans, depuis les grands bouleversemens de 1797 et 1812 : ils n'offrent cependant rien qui constitue un *volcan* dans le sens que l'on a donné jusqu'ici à ce mot. Si les soupiraux qui vomissent avec fracas des vapeurs et de l'eau, sont quelquefois appelés *volcancitos*, c'est par ceux des indigènes qui se persuadent qu'il doit nécessairement y avoir des volcans dans des pays si fréquemment exposés aux tremblemens de terre. En avançant du cratère enflammé de Saint-Vincent vers le sud, vers l'ouest et le sud-ouest, d'abord par la chaîne des Petites-Antilles, puis par la chaîne côtière de Cumana et de Venezuela, enfin par les Cordillères de la Nouvelle-Grenade, on ne trouve, sur une distance de 380 lieues, point de volcan actif avant le Puracé, près de Popayan. C'est un des faits géologiques les plus remarquables que cette absence totale d'ouvertures, par lesquelles des matières fondues puissent sortir, dans la partie du continent qui se prolonge à l'est de la Cordillère des Andes et à l'est des Montagnes Rocheuses.

Nous avons examiné dans ce Chapitre les grandes agitations qu'éprouve de temps en temps la croûte pierreuse du globe et qui répandent la désolation dans un pays que la nature a favorisé de ses dons les plus précieux. Un calme non interrompu règne dans l'atmosphère supérieure; mais, pour nous servir d'une expression de Francklin, plus ingénieuse que vraie, le tonnerre gronde souvent dans l'*atmosphère souterraine*, dans ce mélange de fluides élastiques dont nous ressentons les mouvemens impétueux à la surface du globe. En décrivant la destruction de tant de villes populeuses, nous avons retracé le tableau des plus grandes calamités humaines. Un peuple, combattant pour son indépendance, est soudainement exposé au manque de nourriture et de tous les besoins de la vie. Affamé, sans abri, il se répand dans les campagnes. Un grand nombre de ceux qui ont échappé à la ruine de leur habitation sont moissonnés par des maladies. Loin d'affermir la confiance, le sentiment du malheur la détruit entre les citoyens ; les maux physiques augmentent les discordes civiles, et l'aspect d'une terre arrosée de larmes et de sang n'appaise point les fureurs du parti victorieux.

Après le récit de tant de calamités, il est doux de reposer son imagination par des souvenirs consolans. Lorsqu'on apprit aux États-Unis la grande catastrophe de Caracas, le congrès, assemblé à Washington, décréta unanimement l'envoi de cinq navires chargés de farines aux côtes de Venezuela, pour être distribuées aux habitans les plus indigens. Un secours si généreux fut accueilli avec la plus vive reconnoissance ; et cet acte solennel d'un peuple libre, cette marque d'intérêt national, dont la civilisation croissante de notre vieille Europe offre peu d'exemples récens, parut un gage précieux de la bienveillance mutuelle qui doit rapprocher à jamais les peuples des deux Amériques.

5.

CHAPITRE XV.

Départ de Caracas. — Montagnes de San Pedro et de Los Teques. — La Victoria. — Vallées d'Aragua.

Pour aller de Caracas aux rives de l'Orénoque, par le chemin le plus court, nous aurions dû franchir la chaîne méridionale des montagnes entre Baruta, Salamanca et les savanes d'Ocumare, traverser les steppes ou *Llanos* d'Orituco, et nous embarquer à Cabruta, près de l'embouchure du Rio Guarico [1] : mais cette route directe nous auroit privés de l'avantage de voir la partie la plus belle et la plus cultivée de la province, les vallées d'Aragua; de niveler, à l'aide du baromètre, une partie intéressante de la chaîne côtière, et de descendre le Rio Apure jusqu'à son confluent avec l'Orénoque. Un

---

[1] *Voyez* Tom. 4, Chap. xii, p. 176; et, dans l'Atlas géographique, l'esquisse de la vallée de Caracas et la carte du Bas-Orénoque.

CHAPITRE XV.

voyageur qui se propose d'étudier la configuration et les richesses naturelles du sol, ne se détermine pas d'après les distances, mais d'après l'intérêt qu'offrent les régions qu'il va parcourir. C'est cet intérêt puissant qui nous a conduits aux montagnes de los Teques, aux eaux chaudes de Mariara, aux bords fertiles du lac de Valence, et, par les savanes immenses de Calabozo, à San Fernando de Apure, dans la partie orientale de la province de Varinas. En suivant cette route, nous nous sommes dirigés d'abord à l'ouest, puis au sud, et enfin à l'est-sud-est, pour entrer par l'Apure dans l'Orénoque, sur le parallèle de 7° 36' 23".

Comme sur un Chemin de six à sept cents lieues, les longitudes ont été déterminées par le transport du temps de Caracas et de Cumana, il étoit indispensable de fixer avec précision, et par des observations absolues, la position de ces deux villes. J'ai indiqué plus haut, dans le dixième Chapitre [1], le résultat des observations astronomiques, faites, dans le premier *point de départ*, à Cumana; quant au second point,

[1] Tom. 4, p. 12.

la partie la plus septentrionale de Caracas, il est situé par les 10°30′50″ en latitude, et 69° 25′0″ en longitude[1]. J'ai trouvé la déclinaison magnétique, le 22 janvier 1800, hors de la ville, près de la porte de la Pastora 4°38′45″ nord-est, et, le 30 janvier, dans l'intérieur de la ville, à l'Université, 4°39′15″; par conséquent 26′ plus grande qu'à Cumana. L'inclinaison de l'aiguille aimantée étoit 42°,90 (division centésimale). Le nombre des oscillations, mesurant l'intensité des forces magnétiques, s'élevoit, en 10′ de temps, à Caracas, à 232; à Cumana, à 229. Ces observations n'ont pu

---

[1] M. Ferrer, qui a observé à la Douane, trouve, pour la latitude 10°30′24″, et par le transport du temps de Porto-Rico (en supposant ce point 68°28′3″), pour la longitude 69° 23′. Des observations purement célestes me donnent, pour la place de la Trinidad :

 par des distances de la lune au
  soleil et aux étoiles....... $4^h\ 37'\ 27''$
 par des occultations de satel-
  lites.................... $4^h\ 37'\ 53''$

         $4^h\ 37'\ 40''$

Voyez *Recueil d'observ. astron.*, Tom. I, p. 158-184. Nous excluons une détermination chronométrique, à cause du mouvement du bateau, près du cap Codera, dans une mer clapoteuse.

CHAPITRE XV. 71

être très-multipliées : elles sont le résultat d'un travail de trois mois.

Le jour où nous quittâmes la capitale de Venezuela, engloutie depuis par d'affreux tremblemens de terre, nous allâmes coucher au pied des montagnes boisées qui ferment la vallée au sud-ouest. Nous suivîmes la rive droite du Rio Guayre jusqu'au village d'Antimano, par une route très-belle et en partie creusée dans le roc. On passe par la Vega et Carapa. L'église de la Vega se détache d'une manière très-pittoresque sur un rideau de collines couvertes d'une végétation épaisse. Des maisons éparses sont entourées de dattiers, et semblent annoncer l'aisance de leurs habitans. Une chaîne de montagnes peu élevées sépare la petite rivière du Guayre et de la vallée *de la Pascua* [1], si célèbre dans l'histoire du pays, et des anciennes mines d'or de Baruta et d'Oripoto. En montant vers Carapa, on jouit encore une fois de la vue de la Silla qui se

---

[1] Vallée de Cortès ou des *Pâques*, appelée ainsi parce que Diego de Losada, après avoir défait les Indiens Teques et leur cacique Guaycaypuro dans les montagnes de San Pedro, y passa, en 1567, les jours de Pâques, avant de pénétrer dans la vallée de San Francisco où il fonda la ville de Caracas (*Oviedo*, p. 252.)

présente comme un dôme immense, taillé en falaise du côté de la mer. Ce sommet arrondi et la crête du Galipano, crénelée comme un mur, sont les seules formes qui, dans ce bassin de gneiss et de micaschiste, donnent du caractère au paysage. Les autres croupes de montagnes sont d'un aspect uniforme et d'une triste monotonie.

Un peu avant d'arriver au village d'Antimano, on trouve sur la droite un phénomène géologique très-curieux. Pour creuser le nouveau chemin dans le roc, on a mis à découvert deux puissans filons de gneiss dans le micaschiste. Ils sont presque perpendiculaires, coupent toutes les strates de micaschiste [1], et ont près de 6-8 toises d'épaisseur. Ces filons renferment, non des fragmens, mais des boules ou sphères de diabase grenue [2], à couches concentriques.

---

[1] Le micaschiste est dirigé hor. 12,2; incl. 72° est. Des filons de gneiss et même de granite d'une nouvelle formation sont très-communs dans les montagnes métallifères (*Erzgebirge*) de la Saxe qui, comme nous l'avons déja fait observer, offrent beaucoup d'analogie avec les environs de Caracas. Il y a des filons de granite dans le gneiss à Geyer, et dans le micaschiste à Johanngeorgenstadt.

[2] *Ur-Grünstein.* Je me souviens d'avoir vu des boules

CHAPITRE XV.

Ces boules sont un mélange intime d'amphibole et de feldspath lamellaire. Le feldspath approche quelquefois du feldspath vitreux, lorsqu'il est disséminé en lames très-minces dans une masse de diabase grenue, décomposée et exhalant une forte odeur d'argile. Le diamètre des sphères est très-inégal, tantôt de 4 à 8 pouces, tantôt de 3 à 4 pieds : leur noyau est plus dense, sans couches concentriques et d'un vert de bouteille tirant sur le noir. Je n'y ai pas vu de mica, mais, ce qui est très-remarquable, beaucoup de grenats disséminés. Ces grenats, d'un beau rouge, se trouvent dans le grünstein seul, et non dans le gneiss qui sert de ciment aux boules, ni dans le micaschiste que traversent les filons. Le gneiss, dont les parties constituantes sont dans un état de désagrégation considérable, contient de

---

semblables remplissant un filon dans le schiste de transition, près du château de Schauenstein, dans le margraviat de Bayreuth. J'ai envoyé plusieurs boules d'Antimano au cabinet du roi d'Espagne, à Madrid. *Voyez* la description des suites géologiques de Caracas, dans ma lettre à don Joseph Clavijo, (*Annales de Hist. nat.*, Tom. II, p. 262-271.)

grands cristaux de feldspath ; et, quoiqu'il forme la masse du filon dans le micaschiste, il est traversé de nouveau par des filets de quarz de deux pouces d'épaisseur, et d'une formation très-récente. L'aspect de ce phénomène est très-curieux : on diroit que des boulets de canon se trouvent enchâssés dans un mur de rochers. J'ai aussi cru reconnoître dans ces mêmes régions, dans la *Montaña de Avila* et au cap Blanc, à l'est de la Guayra, une diabase grenue, mêlée d'un peu de quarz et de pyrites et dépourvue de grenats, non en filons, mais en bancs subordonnés dans le micaschiste. Ce mode de gisement se retrouve indubitablement en Europe dans des montagnes primitives; mais en général la diabase grenue est plus fréquemment liée au système des roches de transition, surtout à un schiste (*Uebergangsthonschiefer*) qui abonde en couches de pierre lydienne fortement carburée, de jaspe schistoïde [1], d'ampelite [2] et de calcaire noir.

Près d'Antimano, tous les vergers étoient

[1] *Kieselschiefer.*
[2] *Alaunschiefer.*

remplis de pêchers chargés de fleurs. Ce village, le *Valle* et les rives du Macarao fournissent une grande abondance de pêches, de coins et d'autres fruits d'Europe, au marché de Caracas. D'Antimano à Las Ajuntas on passe 17 fois le Rio Guayre. Le chemin est très-pénible; cependant, au lieu de construire une nouvelle route, on feroit peut-être mieux de changer le lit de la rivière qui perd beaucoup d'eau par l'effet combiné de l'infiltration et de l'évaporation. Chaque sinuosité forme une mare plus ou moins étendue. On doit regretter ces pertes dans une province dont toute la région cultivée, à l'exception du terrain situé entre la mer et la chaîne côtière de Mariara et de Niguatar, est extrêmement sèche. Les pluies y sont beaucoup moins fréquentes et moins fortes que dans l'intérieur de la Nouvelle-Andalousie, à Cumanocoa et sur les bords du Guarapiche. Beaucoup de montagnes de Caracas entrent dans la région des nuages; mais les strates des roches primitives sont inclinés sous un angle de 70° à 80°, et tombent assez généralement vers le nord-ouest, de sorte que les eaux, ou se perdent dans l'intérieur de la terre, ou jaillissent en sources abondantes, non au sud, mais au nord des montagnes côtières de Niguatar, d'Avila et de Mariara. Le relèvement des couches de gneiss et de micaschiste vers le sud me paroît expliquer, en grande partie, l'extrême humidité du littoral. Dans l'intérieur de la province on trouve des espaces de deux à trois lieues carrées dépourvus de sources. La canne à sucre, l'indigo et le cafier n'y peuvent venir que là où l'on trouve des eaux courantes propres aux irrigations artificielles pendant les grandes sécheresses. Les premiers colons ont très-imprudemment détruit les forêts. L'évaporation est extrême dans un sol pierreux entouré de rochers qui rayonnent de la chaleur de toutes parts. Les montagnes côtières ressemblent à un mur qui s'étend de l'est à l'ouest du cap Codera vers la Pointe Tucacas; elles empêchent l'air humide des côtes, ces couches inférieures de l'atmosphère qui reposent immédiatement sur la mer et tiennent le plus d'eau en dissolution, de pénétrer dans l'intérieur des terres. Il y a peu de brèches, peu de ravins qui, semblables à celui de Catia[1] ou de Tipe, conduisent du littoral vers les hautes vallées longitudinales. Point de lit d'un grand fleuve, point de golfe qui permette à l'Océan de s'enfoncer entre les terres et d'y répandre l'humidité par une évaporation abondante. Par les 8° et 10° de latitude, dans des régions où les nuages ne rasent pas le sol, beaucoup d'arbres se dépouillent de leurs feuilles dans les mois de janvier et de février, non sans doute à cause d'un abaissement de température, comme en Europe, mais parce que, dans cette saison la plus éloignée de celle des pluies, l'air est près d'atteindre le maximum de sa sécheresse. Il n'y a que les plantes à feuilles luisantes et très-coriaces qui résistent au manque d'humidité. Sous le beau ciel des tropiques, le voyageur est frappé de l'aspect presque hivernal de la campagne; mais la verdure la plus fraîche reparoît dès qu'on atteint les rives de l'Orénoque. Il y règne un autre climat, et c'est par leur ombrage même que les grandes forêts conservent au sol un cer-

[1] Tom. 4, Chap. xii, pag. 186, et Chap. xiii, pag. 279.

tain degré d'humidité, et qu'elles le protégent contre les ardeurs dévorantes du soleil.

Au-delà du petit village d'Antimano, la vallée se rétrécit considérablement. La rivière est bordée de *Lata*, de cette belle graminée à feuilles distiques qui atteint jusqu'à trente pieds de hauteur, et que nous avons décrite sous le nom de Gynerium [1]. Chaque cabane est entourée d'énormes troncs de Persea [2] au pied desquels végètent des Aristoloches, des Paullinia et nombre d'autres plantes grimpantes. Les montagnes voisines, revêtues de forêts, semblent répandre de l'humidité dans cette extrémité occidentale de la vallée de Caracas. Nous passâmes la nuit dans une plantation de canne à sucre, avant d'arriver à Las Ajuntas. Une maison carrée[3] renfermoit près de 80 nègres; ils étoient couchés sur des peaux de bœufs étendues par terre. Dans chaque compartiment de la maison, il y avoit quatre esclaves; cela ressembloit à une caserne. Une douzaine de

[1] G. saccharoïdes, *Plant. æquin.*, tom. II, tab. 115. *Nova Gen.*, tom. I, p. 149.
[2] Laurus Persea, Avocayer.
[3] *Hacienda de Don Fernando Key-Muñoz.*

feux étoient allumés dans la cour de la ferme où l'on étoit occupé à faire la cuisine. Nous étions de nouveau frappés de la gaîté turbulente des noirs, et nous avions de la peine à dormir. Des nuages m'empêchoient d'observer les étoiles. La lune ne paroissoit que par intervalles ; l'aspect du paysage étoit triste et uniforme, toutes les collines d'alentour étant couvertes de magueys. On travailloit à un petit canal de dérivation qui devoit amener à la ferme, à plus de 70 pieds de hauteur, les eaux de Rio San Pedro. D'après une observation barométrique, le sol de l'*Hacienda* n'est élevé que de 50 toises au-dessus du lit du Rio Guayre à la Noria, près de Caracas.

Le terrain de ces contrées a été trouvé peu propre à la culture du cafier qui, en général, est moins productif dans la vallée de Caracas qu'on ne l'avoit cru d'abord, en faisant les premières plantations près de Chacao. Pour se former une idée générale de l'importance de cette branche de commerce, il faut se rappeler que toute la province de Caracas, dans le temps de sa plus grande prospérité, avant les guerres révolutionnaires de 1812, produisoit déjà cinquante à soixante mille quintaux de café. Cette quantité, qui égale presque les récoltes réunies de la Guadeloupe et de la Martinique, doit paroître d'autant plus considérable, que c'est seulement depuis 1784 qu'un citoyen respectable, Don Bartholomé Blandin, avoit tenté d'introduire cette branche de culture sur les côtes de la Terre-Ferme. Comme M. Depons, dans sa statistique de la capitainerie générale de Venezuela, n'a pu donner des renseignemens sur l'état du commerce et de l'agriculture que jusqu'à l'année 1804, il ne sera pas sans intérêt d'ajouter ici des notions plus récentes et non moins exactes. Les plus belles plantations de cafiers se trouvent aujourd'hui dans la savane d'Ocumare, près de Salamanca, et au Rincon, comme dans les pays montagneux de Los Mariches, de San Antonio Hatillo et de Los Budares. Le café de ces trois derniers endroits, situés à l'est de Caracas, est d'une qualité supérieure; mais les arbrisseaux y produisent moins, ce que l'on attribue à la hauteur du lieu et à la fraîcheur du climat. Les grandes plantations de la province de Venezuela, comme Aguacates, près de Valencia, et le Rincon, offrent, dans les bonnes années, des récoltes de 3000 quintaux. En 1796, l'exportation totale de la province n'étoit encore que de 4800 quintaux, et, en 1804, de 10,000 quintaux : elle avoit cependant déja commencé [1] depuis 1789. Les prix ont varié de 6 à 18 piastres le quintal. A la Havane, on les a vus baisser jusqu'à 3 piastres; mais aussi, à cette époque si désastreuse pour les colons, en 1810 et 1812, il y avoit plus de deux millions de quintaux de café (pour la valeur de dix millions de livres sterlings) accumulés dans les magasins de l'Angleterre [2].

La prédilection extrême que l'on marque dans cette province pour la culture du cafier,

---

[1] Voici ce que m'ont donné les registres de la douane à la Guayra :

Exportation de 1789......... 233 quintaux, à 100 liv. de Castille.
1792..........1489
1794..........3646
1796..........4847
1797..........3095

[2] *Colquhoun, on the Wealth of the British Empire*, 1814, p. 332.

se fonde en partie sur la circonstance que la graine se conserve pendant un grand nombre d'années; tandis que, malgré les soins qu'on emploie, le cacao se corrompt dans les magasins, après l'espace de dix mois ou d'un an. Pendant les longues dissensions des puissances européennes, à une époque où la métropole étoit trop foible pour protéger le commerce des colonies, l'industrie devoit se porter de préférence sur une production dont le débit, moins urgent, peut attendre toutes les chances politiques et commerciales. J'ai vu que, dans les caféyères de Caracas, on formoit les pépinières moins en réunissant de jeunes plants qui lèvent accidentellement sous les arbustes en récolte, qu'en faisant germer exprès, pendant cinq jours, dans des tas, entre des feuilles de bananier, la graine de cafier, dépouillée de sa cerise, mais conservant cependant une partie de la pulpe adhérente. On sème cette graine germée: elle donne des plants qui résistent mieux à l'ardeur du soleil que ceux qui ont levé à l'ombre, dans la caféyère même. On plante généralement dans ce pays 5300 cafiers dans l'étendue d'une *vanega* de terrain, qui a 5476 toises carrées 1. Ce terrain, s'il est propre à un arrosement artificiel, coûte, dans la partie septentrionale de la province, 500 piastres. Le cafier ne fleurit que la seconde année, et cette floraison ne dure que 24 heures. Pendant ce temps, l'arbuste offre un aspect charmant: à le voir de loin, on le diroit couvert de neige. La récolte de la troisième année est déja très-abondante. On trouve, dans des plantations bien sarclées et bien arrosées, sur des terrains nouvellement défrichés, des arbres adultes qui portent jusqu'à 16, 18 et même 20 livres de café. Cependant, en général, on ne doit compter que sur une récolte de $1\frac{1}{2}$ à 2 livres par plant, ce qui est déja un produit moyen supérieur à celui des îles Antilles. Les pluies qui tombent

---

1 Une *vanega* de Caracas et de Cumana contient à-peu-près trois *almudas*, ou 28900 *vares carrées*, ou 20754 mètres carrés. Une vanega égale, par conséquent, presque deux hectares. Un arpent légal de France (de 1344 toises carrées), qui produit, en Europe, dans des terres médiocres, 1200 livres de froment ou 3000 livres de pommes de terre, est le quart de la *vanega*, et pourroit produire, sous la zone torride, près de 1700 livres de café par an.   6.

au moment de la floraison, le manque d'eau pour les irrigations artificielles, et une plante parasite, nouvelle espèce de Loranthus, qui se fixe sur les branches, nuisent beaucoup aux caféyères. Lorsque, dans des plantations de quatre-vingts et cent mille arbustes, on considère cette masse immense de substance organique que renferme la cerise pulpeuse du cafier, on est étonné qu'on n'ait jamais tenté d'en retirer de l'alcohol [1].

[1] Les cerises réunies en tas entrent dans une fermentation vineuse, pendant laquelle il se dégage une odeur alcoholique très-agréable. En plaçant à Caracas le fruit mûr du cafier sous une cloche renversée, entièrement remplie d'eau et exposée aux rayons du soleil, j'ai observé qu'il n'y avoit pas de dégagement de gaz dans les premières 24 heures. Après 36 heures, les cerises devenoient brunes et donnoient du gaz. Un thermomètre, enfermé dans la cloche et en contact avec le fruit, se soutenoit de nuit 4°-5° plus haut que la température de l'air extérieur. Dans l'espace de 87 heures, 60 cerises me donnoient, sous différentes cloches, 38 à 40 pouces cubes d'un gaz qui n'éprouvoit aucune diminution sensible avec le gaz nitreux. Quoique beaucoup d'acide carbonique eût été absorbé par l'eau de la cloche, à mesure qu'il se formoit, j'en trouvai encore dans les 40 pouces cubes 0,78. Le reste, ou 0,22, étoit de l'azote. L'acide carbonique ne s'étoit pas formé par l'absorption de l'oxigène atmosphérique. Celui qui se dégage des cerises de cafier que l'on a légèrement humectées et placées dans un flacon rempli d'air et

CHAPITRE XV. 85

Si les troubles de Saint-Domingue, le renchérissement momentané des denrées coloniales et l'émigration des planteurs français ont été les premières causes de l'établissement des caféyères sur le continent de l'Amérique, à l'île de Cuba et à la Jamaïque, il s'en faut de beaucoup que leur produit n'ait servi qu'à compenser le *déficit* de l'exportation des Antilles françaises. Ce produit s'est agrandi en raison de la population, du changement d'habitudes et du luxe croissant des peuples de l'Europe. L'île de Saint-Domingue exportoit, du temps de M. Necker, en 1780, près de 76 millions de livres [1] de café. L'exportation, en 1812 et

bouché à l'émeril, tient de l'alcohol en suspension, à peu près comme les mofettes qui se forment dans nos caves pendant la fermentation du moût. En secouant le gaz avec de l'eau, on donne à celle-ci un goût alcoholique très-prononcé. Que de substances ne tiennent peut-être pas suspendues ces mélanges d'acide carbonique et d'hydrogène, que nous appelons des *miasmes* délétères, et qui s'élèvent par-tout sous les tropiques, dans les endroits marécageux, sur les plages de la mer, dans les forêts où le sol est couvert de feuilles mortes, de fruits et d'insectes pourris!

[1] Toujours livres de France, à 9216 grains; 112 livres angloises=105 livres françoises poids de marc, et 100 livres espagnoles=93 livres françoises.

les trois années précédentes, s'élevoit, d'après les recherches de M. Colquhoun, encore à 36 millions [1]. La culture du cafier, moins pénible et moins coûteuse, n'a pas autant souffert sous le régime des noirs que celle de la canne à sucre. Or, le *déficit* de 40 millions de livres est remplacé aujourd'hui par

26,500000 livres produit de la Jamaïque;
20,000000 — produit de Cuba;
11,400000 — produit de Surinam, Demerary, Berbice et Curaçao;
5,000000 — produit de Venezuela;
13,000000 — produit de l'île de Java [2].
_____
75,900000 livres.

[1] L'exportation de Saint-Domingue pour les ports d'Angleterre seuls, étoit (de 1809 à 1811), année moyenne, de 19,364666 livres angl. de café. *Colquhoun* p. 331 et 378. Produit des petites Antilles, 14 millions de livres. Produit de Cuba en 1809 seulement, 80,000 *quintaux*.

[2] Plus de 100,000 *pikuls*, à 133 livres chacun. M. de Hogendorp pense que l'île de Java, dans l'état actuel de la civilisation (mais avec des moyens peu philanthropiques), pourroit fournir à l'Europe 50 millions de livres de café. *Raffles*, *History of Java*, Vol. I, p. 129 et 213.

L'importation totale du café de l'Amérique en Europe excède aujourd'hui 106 millions de livres poids de marc de France. Si l'on ajoute à cela 4 à 5 millions des îles de France et de Bourbon, et 30 millions de l'Arabie et de Java, on trouve que la consommation de l'Europe entière [1] s'éloigne peu, en 1817, de 140 millions de livres. Dans les recherches que j'ai faites sur les denrées coloniales, en 1810, je me suis arrêté à une somme moins grande [2]. Cette énorme consommation de café n'a point diminué celle du thé, dont l'exportation en Chine s'est accrue de plus d'un quart dans les dernières quinze années [3]. Le thé pourroit être cultivé, comme le cafier, dans la partie montagneuse des provinces de Ca-

[1] La consommation de la France est évaluée généralement (un peu haut) à 23 millions de livres. Aussi la population de la France est à-peu-près $\frac{1}{6}$ de la population de l'Europe.

[2] *Essai polit. sur le Mexique*, Tom. II, p. 435.

[3] L'exportation du thé a été, à Canton, de 1804 à 1806, année moyenne, de 260,000 *pikles* ou 31 millions de livres. La consommation de la Grande-Bretagne excède 20 millions. Voyez *l. c.*, Tom. II, p. 658, et *Colquhoun*, p. 334; *Appendix*, p. 8, 26, 34.

racas et de Cumana. On y trouve tous les climats superposés par étages les uns aux autres, et cette nouvelle culture y réussiroit aussi-bien que dans l'hémisphère austral, où le gouvernement du Brésil, protégeant noblement l'industrie et la tolérance religieuse, a vu s'introduire à-la-fois le thé, les Chinois et les dogmes de Fo. Il n'y a pas encore cent ans que les premiers cafiers ont été plantés à Surinam et aux Antilles, et déja le produit des récoltes de l'Amérique s'élève à la valeur de 15 millions de piastres, en évaluant le quintal de café seulement à 14 piastres.

Le 8 février, au lever du soleil, nous nous mîmes en chemin pour traverser l'Higuerote, groupe de montagnes élevées qui séparent les deux vallées longitudinales de Caracas et d'Aragua. Après avoir passé près de Las Ajuntas le confluent des petites rivières de San-Pedro et de Macarao, qui forment le Rio Guayre, nous montâmes par une côte rapide au plateau de la Buenavista. On y trouve quelques maisons isolées. La vue s'étend au nord-est sur la ville de Caracas, et au sud sur le village de Los Teques.

CHAPITRE XV.

La contrée est sauvage et très-boisée. Les plantes de la vallée de Caracas [1] nous avoient quittés peu-à-peu. Nous nous trou-

[1] La Flore de Caracas est principalement caractérisée par les plantes suivantes, qui végètent entre 400 et 600 toises de hauteur : Cipura martinicensis, Panicum *micranthum*, Parthenium Hysterophorus, Vernonia *odoratissima* (Pevetera dont les fleurs ont une odeur délicieuse d'Héliotrope), Tagetes *carācasana* T. *scoparia* de Lagasca (introduit par M. Bonpland dans les jardins d'Espagne), Croton *hispidus*, Smilax *scabriusculus*, Limnocharis *Humboldti* Rich., Equisetum *ramosissimum*, Heteranthera alismoïdes, Glycine *punctata*, Hyptis Plumeri, Pavonia cancellata Cav., Spermacoce *rigida*, Crotalaria *acutifolia*, Polygala *nemorosa*, Stachytarpheta mutabilis, Cardiospermum *ulmaceum*, Amaranthus *caracasanus*, Elephantopus strigosus, Hydrolea *mollis*, Alternanthera *caracasana*, Eupatorium *amygdalinum*, Elytraria *fasciculata*, Salvia *fimbriata*, Angelonia *salicaria*, Heliotropium *strictum*, Convolvulus *Batatilla*; Rubus jamaicensis, Datura arborea, Dalea enneaphylla, Buchnera *rosea*, Salix *Humboldtiana* Willd., Theophrasta longifolia, Tournefortia caracasana, Inga *cinerea*, I. ligustrina, I. sapindioïdes, I. fastuosa, Schwenkia patens, Erythrina *mitis*. Les herborisations les plus agréables qu'on puisse faire près de la ville de Caracas, sont celles des ravines de Tacagua, Tipe, Cotecita, Catoche, Anauco et Chacaito. (Quant aux plantes qui végètent entre 800 et 1300 toises, à la *Silla*, dans la région des Befaria, du Trixis nereifolia et du Myrica caracasana, voyez plus haut,

vâmes à 835 toises au-dessus du niveau de la mer: c'est presque la hauteur de Popayan, mais la température moyenne du lieu n'est probablement que [1] de 17° à 18°. Le passage de ces montagnes est très-fréquenté; on rencontre à chaque instant de longues files de mulets et de bœufs; c'est la grande route qui conduit de la capitale à la Victoria et aux vallées d'Aragua. Le chemin est creusé dans un gneiss talqueux [2] et décomposé. Une terre argileuse, mêlée de paillettes de mica, couvre le roc à trois pieds d'épaisseur. On souffre de la poussière en hiver, tandis que, dans la saison

---

T. 4, Chap. XIII; p. 227-243.) Dans les quatre ouvrages de botanique descriptive que nous avons publiés, les *Plantes équinoxiales*, la *Monographie des Rhexia*, celle des *Melastomes* et le *Nova Genera*, les végétaux des différentes parties de l'Amérique espagnole, se trouvent réunis et rangés par familles naturelles : dans cette *Relation historique*, je tâche de rapprocher ce qui appartient à un même lieu, non pour donner une *Flore*, mais pour que le lecteur botaniste puisse saisir la physionomie du pays, l'aspect de la végétation.

[1] De 13°,6 à 14°,4 Réaumur.

[2] La direction des couches de gneiss varie; elle est ou hor. 3,4 avec inclinaison au N.O., ou hor. 8,2 avec inclinaison au S.E.

CHAPITRE XV. 91

des pluies, le terrain est converti en un marécage. En descendant le plateau de Buenavista, une cinquantaine de toises vers le sud-est, on trouve une source abondante qui sort du gneiss et forme plusieurs cascades environnées de la plus épaisse végétation. Le sentier qui conduit à la source est si rapide, que l'on peut toucher de la main la cime des fougères arborescentes dont le tronc s'élève à plus de 25 pieds de hauteur. Les rochers d'alentour sont tapissés de Jungermannia et de mousses hypnoïdes. Le torrent, formé par la source et ombragé d'Heliconia [1], découvre, en se précipitant, les racines du Plumeria [2], du

---

[1] M. Bredemeyer, qui possède des manuscrits précieux sur les plantes de Caracas, a décrit une Musacée sous le nom d'Heliconia Cassupa. Elle ne vient que dans les endroits très-tempérés ou froids. Nous ignorons si c'est l'espèce de la Silla (*voyez* plus haut, T. 4, Chap. XIII, p. 243); car MM. Bredemeyer et Bose n'ont point atteint la cime de cette montagne, ni vu les Befarias d'une région si élevée.

[2] Frangipanier des îles. Le Plumeria, si commun dans les jardins des Indiens, s'est trouvé bien rarement à l'état sauvage. Il est mêlé ici au Piper *flagellare*, dont les spadices ont jusqu'à trois pieds de long. Avec la nouvelle espèce de figuier que nous avons appelée Ficus

Cupey [1], du Brownea et du Ficus *gigantea*. Cet endroit humide et infesté de serpens offre les plus riches récoltes aux botanistes. Le Brownea, que les indigènes appellent *Rosa del monte* ou *Palo de Cruz*, porte jusqu'à quatre

gigantea (*Nov. Gen.*, Tom. II, pag. 48), parce qu'elle atteint jusqu'à cent pieds de hauteur, se trouve, dans les montagnes de Buenavista et de Los Teques, le Ficus nymphæifolia du jardin de Schönbrun, introduit dans nos serres par M. Bredemeyer. Je suis sûr de l'identité de l'espèce prise sur les mêmes lieux : mais est-elle le véritable F. nymphæifolia de Linné, que l'on croit des Indes orientales ? J'en doute.

[1] Dans les expériences que j'ai faites à Caracas, sur l'air qui circule dans les plantes, j'ai été frappé du beau spectacle qu'offrent les pétioles et les feuilles du Clusia rosea, lorsqu'on les découpe sous l'eau, en les exposant aux rayons du soleil. Chaque trachée donne un torrent de gaz qui est de 0,08 plus pur que l'air atmosphérique. Le phénomène cesse, dès que l'on place l'appareil à l'ombre. Il n'y a aussi qu'un dégagement d'air extrêmement foible aux deux surfaces des feuilles du Clusia, si on les expose sous l'eau au soleil, sans les découper. Le gaz renfermé dans les capsules du Cardiospermum *vesicarium* m'a paru contenir la même quantité d'oxygène que l'atmosphère, tandis que celui qui se trouve entre les nœuds, dans le creux des tiges, est généralement moins pur. Il ne contient que 0,12 à 0,15 d'oxygène. Il faut distinguer entre l'air qui circule dans les trachées et celui qui est stagnant, déposé dans les grandes cavités des tiges et des péricarpes.

à cinq cents fleurs pourprées réunies en un seul thyrse. Chaque fleur a très-constamment 11 étamines, et ce superbe végétal, dont le tronc s'élève à 50 ou 60 pieds de hauteur, devient rare, parce que son bois donne un charbon très-recherché. Le sol est couvert d'Ananas, d'Hemimeris, de Polygala et de Mélastomes. Une graminée grimpante[1] réunit par des festons légers, des arbres dont la présence atteste la grande fraîcheur du climat de ces montagnes. Tels sont l'Aralia capitata[2], le Vismia caparosa et le Clethra fagifolia. Au milieu de ces végétaux propres à la belle région des fougères en arbres (*region de los helechos*) s'élèvent, dans des clairières, quelques palmiers et des groupes épars de *Guarumo* ou Cecropia à feuilles argentées, dont les troncs, de peu d'épaisseur, sont noirs vers le sommet et comme brûlés par l'oxygène de l'atmosphère. On est surpris de voir qu'un si bel arbre, qui a le port du Théophrasta et des palmiers, ne porte gé-

---

[1] *Carice.* Voyez plus haut, Tom. 3, p. 21.
[2] *Candelero.* Nous l'avons aussi trouvé à la *Cumbre*, à 700 t. de hauteur.

néralement que huit ou dix feuilles terminales. Les fourmis qui habitent le tronc du *Guarumo* ou *Jarumo* et qui en détruisent les cloisons intérieures, semblent ralentir son accroissement. Nous avions déjà une fois herborisé dans ces montagnes tempérées de l'Higuerote, au mois de décembre, en accompagnant le capitaine général, M. de Guevara, dans une excursion qu'il fit avec l'intendant de la province, aux *Valles de Aragua*. M. Bonpland découvrit alors, dans la partie la plus épaisse de la forêt, quelques pieds d'*Aguatire* dont le bois, célèbre à cause de sa belle couleur rouge, peut devenir un jour un article d'exportation pour l'Europe. C'est le Sickingia erythroxylon décrit par MM. Bredemeyer et Willdenow.

En descendant la montagne boisée de l'Higuerote, vers le sud-ouest, on arrive au petit village de San-Pedro [1], situé dans un bassin où se réunissent plusieurs vallons, et qui est presque 300 toises plus bas que le plateau de Buenavista. On y cultivoit à-la-fois des bananes, des pommes de terre [2]

---

[1] Haut. absolue, 584 toises.
[2] Solanum tuberosum.

et du café. Le village est très-petit, et l'église n'étoit point encore achevée. Nous rencontrâmes dans une hôtellerie (*pulperia*) plusieurs Espagnols-Européens, employés à la *ferme* du tabac. Leur humeur contrastoit singulièrement avec la nôtre. Fatigués de la route, ils s'exhaloient en plaintes et en malédictions contre le malheureux pays (*estas tierras infelices*) dans lequel ils étoient forcés de vivre. Nous ne pouvions nous lasser de vanter la beauté sauvage du site, la fécondité du sol, la douceur du climat. Près de San-Pedro, le gneiss talqueux de Buenavista passe en un micaschiste rempli de grenats et renfermant des bancs subordonnés de serpentine. Ce gisement est analogue à celui de Zœblitz en Saxe. Souvent la serpentine, qui est très-pure et d'un beau vert, mélangée de taches moins foncées, ne paroît que superposée au micaschiste. J'y ai trouvé quelques grenats, mais pas de diallage métalloïde.

Le vallon de San-Pedro, dans lequel coule la rivière du même nom, divise deux grandes masses de montagnes, celle de l'Higuerote et de las Cocuyzas. Nous remontâmes à l'ouest par les petites fermes de Las Lagunetas et des Garavatos. Ce ne sont que des maisons isolées qui servent d'hôtelleries: les muletiers y trouvent leur boisson favorite, le *Guarapo*, ou suc fermenté de la canne à sucre. L'ivrognerie est sur-tout très-commune parmi les Indiens qui fréquentent cette route. Près des Garavatos, il y a un rocher de micaschiste d'une forme bizarre; c'est une arête ou mur escarpé, terminé par une tour. Nous ouvrîmes le baromètre au plus haut[1] de la montagne de Las Cocuyzas, et nous nous trouvâmes presque à la même élévation qu'au plateau de Buenavista, à peine 10 toises plus haut.

La vue dont on jouit à Las Lagunetas est très-étendue, mais assez uniforme. Ce terrain montagneux et inculte, entre les sources du Guayre et du Tuy, a plus de 25 lieues carrées. On n'y trouve qu'un seul village bien misérable, celui de Los Teques, au sud-est de San-Pedro. Le sol est comme sillonné par une infinité de vallées, dont les plus petites, parallèles entre elles, abou-

---

1 Haut. 845 toises.

tissent en angle droit aux vallées les plus larges. Les croupes de montagne ont l'aspect aussi monotone que les ravins. Point de forme pyramidale, point de dentelures, point d'escarpement rapide. Je pense que le mouvement de ce terrain, généralement doux et ondoyant, est moins dû à la nature des roches, par exemple à la décomposition du gneiss, qu'au long séjour des eaux et à l'action des courans. Les montagnes calcaires de Cumana offrent le même phénomène au nord du Tumiriquiri [1].

De Las Lagunetas nous descendîmes dans la vallée du Rio Tuy. Cette pente occidentale du groupe de montagnes de Los Teques porte le nom de Las Cocuyzas ; elle est couverte de deux plantes à feuille d'Agave, du *Maguey de Cocuyza* et du *Maguey de Cocuy*. Ce dernier appartient au genre Yucca [2] : son suc fermenté et sucré donne de l'eau-de-vie par la distillation ; j'en ai vu manger les jeunes feuilles. Les fibres des feuilles adultes fournissent des cordages d'une résistance

---

[1] *Voyez* plus haut, T. III, chap. III, p. 120.
[2] C'est notre Yucca *acaulis. Nov. Gen.*, Tom. I, p. 289.

extraordinaire 1. En quittant les montagnes de l'Higuerote et de los Teques, on entre dans un pays richement cultivé, couvert de hameaux et de villages dont plusieurs en Europe porteroient le nom de villes. On trouve de l'est à l'ouest, sur une distance de 12 lieues, la Victoria, San-Matheo, Turmero et Maracay, qui ont ensemble plus de 28,000 habitans. Les plaines du Tuy peuvent être considérées comme l'extrémité orientale des vallées d'Aragua, qui s'étendent depuis Guigue, sur les bords du lac de Valence, jusqu'au pied de Las Cocuyzas. Le nivellement barométrique m'a donné 295 toises pour la hauteur absolue du *Valle del Tuy*, près de la ferme de Manterola, et 222 toises pour la surface du lac. Le Rio Tuy, qui naît des montagnes de Las Cocuyzas, prend d'abord son cours vers l'ouest, puis il tourne au sud et à l'est pour longer les hautes savanes d'Ocumare, recevoir les eaux de la vallée de Caracas et déboucher au vent du

---

1 A l'horloge de la cathédrale de Caracas, une corde de Maguey, de 5 lignes de diamètre, tenoit suspendu depuis 15 ans un poids de 350 livres.

cap Codera. C'est la petite partie de son bassin, dirigée vers l'ouest, qui, géologiquement parlant, sembleroit appartenir aux vallées d'Aragua, si les collines de tuf calcaire qui, entre le Consejo et la Victoria, interrompent la continuité de ces vallées, ne méritoient pas quelque attention. Nous rappellerons de nouveau ici que le groupe de montagnes de Los Teques, qui a 850 toises de hauteur, sépare deux *vallées longitudinales* creusées dans du granite, du gneiss et du micaschiste, et que celle de l'est, qui renferme la capitale de Caracas, est de 200 toises plus élevée que la vallée de l'ouest, que l'on peut regarder comme le centre de l'industrie agricole.

Accoutumés depuis long-temps à une température modérée, nous trouvâmes les plaines du Tuy extrêmement chaudes. Cependant le thermomètre ne se soutint le jour, de 11 heures du matin à 5 heures du soir, qu'entre 23° et 24°. Les nuits étoient d'une fraîcheur délicieuse, la température de l'air baissant[1] jusqu'à 17°,5. A mesure que la chaleur di-

[1] A 14° R.

minuoit, l'air paroissoit plus embaumé de l'odeur des fleurs. Nous distinguâmes surtout l'arome délicieux du *Lirio hermoso*, nouvelle espèce de Pancratium [1], dont la fleur a 8 à 9 pouces de long, et qui orne les bords du Rio Tuy. Nous passâmes deux jours très-agréables dans la plantation de Don Jose de Manterola, qui avoit été attaché dans sa jeunesse à la légation espagnole en Russie. Élevé et protégé par M. de Xavedra, un des intendans les plus éclairés de Caracas, il voulut s'embarquer pour l'Europe lorsque cet homme d'état célèbre parvint au ministère. Le gouverneur de la province, craignant le crédit de M. de Manterola, le fit arrêter dans le port; et, lorsque les ordres de la cour arrivèrent pour mettre fin à une arrestation si arbitraire, la faveur du ministre avoit déja cessé. A 1500 lieues de distance des côtes de l'Amérique équinoxiale, il n'est pas aisé d'arriver à temps pour profiter du pouvoir d'un homme en place.

La ferme que nous habitions est une belle plantation de cannes à sucre. Le sol est uni

[1] Pancratium *undulatum* (*Nov. Gen.*, Tom. I, p. 280).

comme le fond d'un lac désséché. Le Rio Tuy serpente entre des terrains couverts de bananiers et un petit bois de Hura crépitans, d'Erythrina corallo-dendron et de Figuiers à feuilles de Nymphée. Le lit du fleuve est formé de galets de quartz: je ne connois pas de bains plus agréables que ceux du Tuy. L'eau limpide comme un crystal conserve, même le jour, la température de 18°,6. C'est une grande fraîcheur pour ces climats et pour une hauteur de 300 toises, mais les sources de la rivière se trouvent dans les montagnes voisines. La maison du propriétaire, placée sur un tertre de 15 à 20 toises d'élévation, est entourée des cases des nègres; ceux qui sont mariés pourvoient eux-mêmes à leur nourriture. On leur assigne ici, comme par-tout dans les vallées d'Aragua, un petit terrain à cultiver. Ils y emploient les samedis et les dimanches, les seuls jours libres de la semaine. Ils ont des poules, et quelquefois même un cochon. Le maître vante leur bonheur, comme dans le nord de l'Europe les seigneurs se plaisent à vanter l'aisance des paysans attachés à la glèbe. Le jour de notre arrivée, nous vîmes ramener trois nègres fugitifs; c'étoient des esclaves nouvellement achetés. Je craignois d'assister à une de ces punitions qui, partout où règne l'esclavage, ôtent le charme à la vie des champs : heureusement les noirs furent traités avec humanité.

Dans cette plantation, comme dans toutes celles de la province de Venezuela, on distingue déja de loin, à la couleur des feuilles, les trois espèces de canne à sucre que l'on cultive: l'ancienne canne créole, la canne d'Otaheiti et la canne de Batavia. La première espèce a la feuille d'un vert plus foncé, la tige plus mince, les nœuds plus rapprochés. C'est la canne à sucre qui la première a été introduite de l'Inde en Sicile, aux Canaries et aux Antilles. La seconde espèce se distingue par un vert plus clair. Sa tige est plus élevée, plus grosse, plus succulente. Toute la plante annonce une végétation plus luxurieuse. Elle est due aux voyages de Bougainville, de Cook et de Bligh [1]. Bougainville la transporta à l'île de France, d'où elle passa à Cayenne, à la

[1] Voyez mes *Tableaux de la Nature*, Tom. I, p. 74; *Nov. Genera*, Tom. I, pag. 181; et une note de MM.

Martinique, et, depuis 1792, au reste des Antilles. La canne à sucre d'Otaheiti, le *To* des insulaires, est une des acquisitions les plus importantes que, depuis un siècle, l'agriculture coloniale doive aux voyages des naturalistes. Elle donne non-seulement, sur une même étendue de terrain, un tiers de *vezou* de plus que la *canne créole*; mais, à cause de la grosseur de sa tige et de la ténacité de ses fibres ligneuses, elle offre aussi beaucoup plus de combustible. Ce dernier avantage est précieux pour les îles Antilles où la destruction des forêts force depuis long-temps les planteurs à se servir de la *bagasse* pour entretenir le feu sous les chaudières. Sans la connoissance de ce nouveau végétal, sans les progrès de l'agriculture sur le continent de l'Amérique espagnole et l'introduction du sucre de l'Inde et de Java, les révolutions de Saint-Domingue et la destruction des grandes sucreries de cette île auroient eu une influence encore plus sensible sur le prix des denrées coloniales en Europe. La canne d'Otaheiti a

---

Thouin et Du Buc dans le *Voyage à la Trinité*, Tom. II, p. 357-362.

été portée à Caracas de l'île de la Trinité [1]. De Caracas elle a passé à Cucuta et San-Gil dans le royaume de la Nouvelle-Grenade [2]. De nos jours, une culture de 25 ans a presque entièrement dissipé la crainte qu'on avoit d'abord conçue que, transplantée en Amérique, elle ne dégénérât insensiblement, et ne devînt mince comme la *canne créole*. Si c'est une variété, c'est une variété très-constante. La troisième espèce, la canne à sucre violette, qu'on appelle *Caña de Batavia* ou *de Guinea*, est certainement indigène à l'île de Java, où on la cultive de préférence dans les districts de Japara et Pasuruan [3]. Elle a le feuillage pourpré et très-large : on la préfère, dans la province de Caracas, pour la fabrication du rhum. Les *tablones* ou terrains plantés en canne à sucre, sont séparés par des haies d'une graminée colossale, le *Latta* ou Gynerium à feuilles distiques.

[1] Par les soins de MM. Don Simon de Majora, Martin Iriarte, Manuel Ayala et Andrès Ibarra.

[2] Sous le nom de *Caña solera*. Voyez la notice de D. Eloy de Valenzuela, curé de Bucaramanga, dans le *Seman. de Santa-Fe*, Tom. II, p. 13.

[3] *Raffles, Hist. of Java*, Tom. I, p. 124.

On étoit occupé au Tuy à terminer une digue pour amener un canal d'irrigation. Cette entreprise avoit coûté au propriétaire 7000 piastres en frais de construction et 4000 piastres en frais de procès avec ses voisins. Tandis que les avocats disputoient sur un canal qui n'étoit encore terminé qu'à moitié, M. de Manterola commençoit à douter de l'exécution même du projet. Je fis le nivellement du terrain par une lunette d'épreuve sur un horizon artificiel, et je trouvai que le bâtardeau avoit été établi 8 pieds trop bas. Que d'argent j'ai vu dépenser inutilement dans les colonies espagnoles pour des constructions fondées sur de faux nivellemens!

La vallée du Tuy a « sa mine d'or » comme presque tout endroit de l'Amérique habité par des blancs et adossé à des montagnes primitives. On assuroit avoir vu, en 1780, des orpailleurs étrangers ramasser des grains d'or et établir un lavage dans le ravin de l'*Oro*. Un gérent (ou majordome) d'une plantation voisine avoit suivi ces indices : on lui avoit trouvé à sa mort une camisole à boutons d'or, et, d'après la logique du peuple, cet or ne pouvoit venir que d'un filon dont l'affleurement avoit été rendu invisible par l'éboulement des terres. J'avois beau objecter qu'à la simple vue du sol, sans conduire une tranchée profonde sur la direction du filon, je ne pourrois guère juger de l'existence de la mine; il fallut céder aux instances de mes hôtes. Depuis vingt ans, la camisole du majordome étoit l'objet de toutes les conversations du canton. L'or qu'on retire du sein de la terre a bien un autre appât aux yeux du peuple que celui qui est le produit de l'industrie agricole, favorisée par la fécondité du sol et la douceur du climat.

Au nord-ouest de l'Hacienda del Tuy, dans la rangée septentrionale de la *chaîne côtière*, s'ouvre un ravin profond. On l'appelle *Quebrada seca*, parce que le torrent qui l'a formé perd ses eaux sur les fentes du rocher avant de parvenir à l'extrémité du ravin. Toute cette contrée montueuse est couverte d'une épaisse végétation. Nous y retrouvâmes cette même verdure dont la fraîcheur nous avoit charmés dans les montagnes de Buenavista et de Las Lagunetas,

CHAPITRE XV. 107

par-tout où le terrain s'élève jusqu'à la région des nuages, et où les vapeurs de la mer ont un libre accès. Dans les plaines, au contraire, comme nous l'avons observé plus haut, beaucoup d'arbres se dépouillent d'une partie de leurs feuilles pendant l'hiver; et, dès qu'on descend dans la vallée du Tuy, on est frappé de l'aspect presque hivernal du pays. La sécheresse de l'air est telle, que l'hygromètre de Deluc [1] se soutient nuit

---

[1] Voici une série d'observations hygrométriques que j'ai faites à l'ombre dans les vallées du Tuy et d'Aragua, l'hygromètre à baleine ayant été réduit avec soin au point de l'humidité extrême. *Hacienda de Manterola* (Haut. 295 t.). Le 11 févr. à 1^h Hygr. $36°,8$: Therm. cent. $26°,6$; à 4^h H. $34°,7$. Th. $27°,5$; à 12^h (la nuit) H. $38°,8$. Th. $22°,5$. Le 12 févr., à 22^h du matin, H. $37°,8$. Th. $25°$; à 3^h H. $35°,0$. Th. $26°,2$; à 11^h H. $42°,6$. Th. $21°,2$. *Hacienda de Cura* (Haut. 226 t.). Le 14 févr., à 2^h H. $35°,2$. Th. $27°,5$; à 4^h H. $34°,0$. Th. $28°,1$; à $5^h 30'$. H. $34°,2$. Th. $26°,3$; à 7^h H. $36°,7$. Th. $25°$; à 12^h H. $39°,5$. Le 15 févr. à $2^h 30'$ H. $34°,2$. Th. 25; à 11^h H. $37°,6$. Th. $23°,7$. Le 16 févr. à 18^h H. $38°,5$. Th. $20°,0$; à 21^h H. $39°,7$. Th. $23°,3$; à $3^h 30'$ H. $35°,2$. Th. $26°,2$; à 9^h H. $37°,6$. Th. $23°,3$; à 11^h H. $38°,6$. Th. $22°,7$. Le 17 févr. à 19^h H. $39°,6$. Th. $21°,2$; à 1^h H. $35°,2$. Th. $26°,3$; à 12^h H. $37°,4$. Th. $22°,6$. Le 19 févr. à 4^h H. $34°$. Th. $25°,2$; à 12^h H. $38°,7$. Th. $22°,5$. Pendant toutes ces observations, le ciel étoit pur et sans nuages. *L'humidité moyenne* du mois de février

et jour de 36° à 40°. Loin de la rivière, on voit à peine quelques Hura ou Piper en arbre étendre leur ombrage sur des bosquets dépourvus de verdure. Ce phénomène paroît dû à la sécheresse de l'air qui atteint son maximum en février, et non, comme disent les colons européens, « aux saisons de l'Espagne dont l'empire s'étend jusque sous la zone torride. » Il n'y a que les plantes transportées d'un hémisphère à l'autre qui, dans leurs fonctions organiques, dans le développement des feuilles et des fleurs, restent pour ainsi dire en rapport avec un climat lointain, et, fidèles à leurs habitudes, en suivent pendant long-temps les changemens périodiques. Dans la province de Venezuela, les arbres dépouillés de leur feuillage commencent à le reprendre presque un mois avant la saison des pluies. Il est probable

---

me paroît avoir été dans les vallées d'Aragua, par 24°,3 de température moyenne, 35°-36° Deluc ou 70°,8 à 72° Saussure. Ces nombres indiquent une sécheresse considérable, si l'on se rappelle l'état ordinaire de l'hygromètre sous les tropiques. (Voyez plus haut, Tom. II, chap. III, p. 106.) A Paris et à Genève, l'humidité des mois qui atteignent 18° de température moyenne est au-dessus de 82° Sauss.

qu'à cette époque, l'équilibre électrique de l'air est déja rompu, et que l'atmosphère, quoique encore sans nuages, devient peu-à-peu plus humide. L'azur du ciel pâlit, et les hautes régions se chargent de vapeurs légères et uniformément répandues. Cette saison peut être regardée comme le réveil de la nature, c'est un printemps qui, d'après le langage reçu dans les colonies espagnoles[1], annonce l'entrée de l'hiver, et *succède* aux ardeurs de l'été.

On cultivoit jadis l'indigo dans la *Quebrada seca* ; mais, comme le sol couvert de végétation n'y peut renvoyer autant de chaleur qu'en reçoivent et rayonnent les plaines ou le fond de la vallée du Tuy, on a substitué à cette culture celle du cafier. A mesure que l'on avance dans le ravin, l'humidité augmente. Près de l'*hato*, à l'extrémité septentrionale de la *Quebrada*, nous trouvâmes

---

[1] On appelle *hiver* la partie de l'année la plus abondante en pluie, de sorte qu'à la Terre-Ferme, la saison qui commence par le solstice d'hiver est désignée par le nom d'été, et que l'on entend dire journellement qu'il y a *hiver* dans les montagnes, à la même époque où l'*été* règne dans les plaines voisines.

un torrent qui se précipite sur les bancs inclinés du gneiss. On y travailloit à un aquéduc qui devoit conduire l'eau dans la plaine. Sans irrigation, les progrès de l'agriculture sont nuls sous ces climats. Un arbre [1] d'une grosseur monstrueuse fixoit notre attention. Il se trouvoit placé sur la pente de la montagne, au-dessus de la maison de l'*hato*. Comme au moindre éboulement des terres, sa chute auroit entraîné la ruine de l'édifice qu'il ombrageoit, on l'avoit brûlé près du pied et abattu de manière à le faire tomber entre d'énormes figuiers qui l'empêchoient de rouler dans le ravin. Nous mesurâmes l'arbre abattu. Quoique sa cime eût été consumée par le feu, la longueur du tronc étoit encore de 154 pieds [2]. Il avoit 8 pieds de diamètre vers les racines, et 4 pieds 2 pouces à l'extrémité supérieure.

Nos guides, moins curieux que nous de connoître la grosseur des arbres, nous pressoient toujours d'avancer et de chercher la

---

[1] *Hura crepitans.*
[2] Mesure de France, à peu près 50 mètres.

« mine d'or. » Cette partie peu visitée du ravin est assez intéressante. Voici ce que nous vîmes de la constitution géologique du sol. A l'entrée de la *Quebrada seca*, nous remarquâmes de grandes masses de calcaire primitif saccaroïde à grains assez fins, d'une teinte bleuâtre et traversé par une infinité de filons de spath calcaire d'une blancheur éclatante. Il ne faut pas confondre ces masses calcaires avec les dépôts très-récens de tuf ou carbonate de chaux qui remplissent les plaines du Tuy: elles forment des bancs dans un micaschiste qui passe à l'état de schiste talqueux [1]. Souvent le calcaire primitif recouvre simplement cette dernière roche en *stratification concordante* [2]. Tout près de l'*hato*, le schiste talqueux devient tout blanc et renferme de petites couches d'ampelite graphique [3] tendre et onctueuse. Quelques morceaux, dépourvus de veines de quartz, sont un véritable graphite gra-

1 Du vrai *Talkschiefer* de Werner, sans grenats et sans serpentine, pas d'Eurite ou *Weisstein*. C'est plutôt dans les montagnes de Buenavista que le gneiss manifeste une tendance à passer à l'Eurite.
2 Direction hor. 3,5. Incl. avec 70° au sud-est.
3 *Zeichenschiefer*.

nuleux, dont on pourroit tirer parti dans les arts. L'aspect de la roche est très-extraordinaire là où des feuillets minces d'ampelite noire alternent avec des feuillets sinueux et satinés d'un schiste talqueux blanc de neige. On diroit que le carbone et le fer qui colorent ailleurs la roche primitive, se sont concentrés ici dans des couches subordonnées.

En tournant vers l'ouest, nous parvînmes enfin au ravin de l'Or (*quebrada del Oro*). On reconnoissoit à peine la trace d'un filon de quartz sur la pente d'une colline. L'éboulement des terres, causé par des averses, avoit changé la surface du sol et rendoit toute observation impossible. De grands arbres végétoient déja en ces mêmes lieux où les orpailleurs avoient travaillé il y a vingt ans. Il est probable que le micaschiste renferme ici, comme près de Goldcronach, en Franconie et dans le pays de Salzbourg, des filons aurifères; mais comment juger si le *gîte* est digne d'être exploité, ou si le minerai ne s'y trouve qu'en rognons et d'autant moins abondamment qu'il est plus riche? Pour tirer quelque fruit de nos fatigues, nous fîmes une longue herborisation dans la forêt épaisse qui s'étend au-delà de l'*Hato*, et qui abonde en Cedrela, en Brownea et en Figuiers à feuilles de Nymphée. Les troncs de ces derniers sont couverts de plantes de vanille très-odoriférantes, qui ne fleurissent généralement qu'au mois d'avril. Nous fûmes ici de nouveau frappés de ces excroissances ligneuses qui, sous la forme d'arêtes ou de côtes, augmentent si extraordinairement, et jusqu'à 20 pieds de hauteur au-dessus du sol, l'épaisseur du tronc des Figuiers d'Amérique. J'ai trouvé des arbres qui, près des racines, avoient 22 pieds et demi de diamètre. Ces arêtes ligneuses se séparent quelquefois du tronc à 8 pieds de hauteur, en se transformant en racines cylindriques de deux pieds d'épaisseur. L'arbre paroît comme soutenu par par des arcs-boutans. Cet échafaudage ne pénètre cependant pas très-profondément dans la terre. Les racines latérales serpentent à la surface du sol, et, lorsqu'à vingt pieds de distance du tronc on les coupe avec une hache, on voit jaillir le suc laiteux du Figuier, qui, soustrait à l'action vitale des organes, s'altère et se coagule. Quelle merveilleuse combinaison de cellules et de vaisseaux dans ces masses végétales, dans ces arbres gigantesques de la zone torride qui, sans interruption, peut-être pendant un millier d'années, préparent des fluides nourriciers, les élèvent jusqu'à 180 pieds de hauteur, les reconduisent vers le sol, et cachent sous une écorce rude et dure, sous des couches de fibres ligneuses et inanimées, tous les mouvemens de la vie organique!

Je profitai de la clarté des nuits pour observer à la plantation du Tuy deux émersions du premier et du troisième satellite de Jupiter. Ces deux observations donnoient, par les tables de Delambre, long. $4^h\ 39'\ 14''$. D'après le chronomètre, je trouvai $4^h\ 39'\ 10''$. Ce sont les dernières occultations que j'aie observées avant mon retour de l'Orénoque; elles ont servi à fixer avec quelque précision l'extrémité orientale des vallées d'Aragua, et le pied des montagnes de Las Cocuyzas. Je trouvai, par des hauteurs méridiennes de Canopus, la latitude de la *Hacienda de Manterola*, le 9 février, $10°\ 16'\ 55''$; le 10 février, $10°\ 16'\ 34''$. Malgré l'extrême sécheresse de l'air, les étoiles scintilloient jusqu'à 80° de hauteur; phénomène très-rare sous cette zone, et qui annonçoit peut-être la fin de la belle saison. L'inclinaison de l'aiguille aimantée y étoit de 41°, 60 (div. cent.), et 228 oscillations, correspondantes à 10' de temps, exprimoient l'intensité des forces magnétiques. La déclinaison de l'aiguille étoit de 4° 30' au nord-est.

Pendant mon séjour dans les vallées du Tuy et d'Aragua, la lumière zodiacale parut presque toutes les nuits dans un éclat extraordinaire. Je l'avois aperçue la première fois, sous les tropiques, à Caracas, le 18 janvier, après 7^h du soir. La pointe de la pyramide se trouvoit à 53° de hauteur. La clarté disparut totalement à 9^h 35' (temps vrai), presque 3^h 50' après le coucher du soleil, sans que la sérénité du ciel eût diminué [1]. La Caille, dans son voyage à Rio Janeiro et au Cap, avoit déja été frappé de la beauté du spectacle qu'offre la lumière zodiacale entre les tropiques, non autant

[1] Le 15 février, la disparition totale eut déja lieu 2^h 50' après le coucher du soleil. Hauteur de la pyramide 50° au-dessus de l'horizon.

par sa position moins inclinée, qu'à cause de la grande pureté de l'air [1]. On pourroit même trouver étrange que, long-temps avant Childrey et Dominique Cassini, les navigateurs qui fréquentent les mers des deux Indes, n'eussent pas fixé l'attention des savans de l'Europe sur cette clarté d'une forme et d'une marche déterminées, si l'on ne savoit combien, jusqu'au milieu du 18e siècle, ils s'intéressoient peu à tout ce qui n'a pas immédiatement rapport à la route du vaisseau et aux besoins du pilotage.

Quelque brillante que fût la lumière zodiacale dans la vallée sèche du Tuy, je l'ai vue beaucoup plus belle encore sur le dos des Cordillères du Mexique, aux bords du lac de Tezcuco, à 1160 toises de hauteur au-dessus du niveau de la mer. Sur ce plateau, l'hygromètre de Deluc rétrograde [2] jusqu'à 15°, et sous 21 pouces 8 lignes de pression barométrique, l'extinction de la lumière est

---

[1] C'est la grande sérénité du ciel qui avoit fait remarquer ce phénomène, en 1668, dans les plaines arides de la Perse.

[2] Jusqu'à 42°,8 Sauss. par 23°,4 cent. de température.

de $\frac{1}{1000}$ plus foible que dans les plaines. Au mois de janvier 1804, la clarté montoit quelquefois au-delà de 60° au-dessus de l'horizon. La voie lactée sembloit pâlir près de l'éclat de la lumière zodiacale ; et, si de petits nuages bleuâtres et épars étoient accumulés du côté du couchant, on auroit dit de la lune qui alloit se lever.

Je dois consigner ici un autre fait très-singulier, qui se trouve marqué plusieurs fois dans mon journal rédigé sur les lieux. Le 18 janvier et le 15 février 1800, l'intensité de la lumière zodiacale changeoit d'une manière très-sensible, à des intervalles de deux à deux minutes. Tantôt elle étoit très-foible, tantôt elle surpassoit l'éclat de la voie lactée dans le Sagittaire. Les changemens avoient lieu dans toute la pyramide, sur-tout vers l'intérieur, loin des bords. Pendant ces variations de la clarté zodiacale, l'hygromètre indiquoit beaucoup de sécheresse. Les étoiles de quatrième et de cinquième grandeur paroissoient à la vue simple constamment avec la même intensité de lumière. Aucune traînée de vapeur n'étoit visible ; rien ne sembloit altérer la pureté de l'atmosphère. En d'autres années, dans l'hémisphère austral, j'ai vu augmenter la lumière une demi-heure avant sa disparition. Dominique Cassini admettoit [1] « des affoiblissemens de la lumière zodiacale dans de certaines années, et des retours vers la première clarté. » Il croyoit que ces changemens lents tenoient « aux mêmes émanations qui rendent périodique l'apparition des taches et des facules sur le disque solaire »; mais cet excellent observateur ne parle pas de ces changemens d'intensité de la lumière zodiacale, que j'ai plusieurs fois remarqués entre les tropiques, dans l'espace de quelques minutes. Mairan [2] assure qu'en France il est assez commun, dans les mois de février et de mars, de voir la clarté zodiacale se mêler à une espèce d'aurores boréales qu'il appelle *indécises*, et dont la matière nébuleuse, ou se répand tout autour de l'horizon, ou se montre vers le couchant. Je doute que, dans les observations que je viens de rapporter, il y ait eu mélange de

---

[1] *Mém. de l'Acad.*, Tom. VIII, p. 164 et 208.
[2] *Traité de l'Aurore bor.* (éd. 2), p. 112-166. *Mém. de l'Acad.*, 1733, p. 482. *Id.* 1734, p. 572.

CHAPITRE XV. 119

ces deux genres de clarté. Les changemens d'intensité eurent lieu à de grandes hauteurs; la lumière étoit blanche et non colorée, tranquille et non ondoyante. D'ailleurs le phénomène de l'aurore boréale est si rarement visible entre les tropiques que, pendant cinq ans, quoique couché en plein air et fixant l'attention la plus soutenue sur la voûte céleste, je n'en ai jamais vu la moindre trace.

En résumant ce qui se trouve marqué sur mes registres, relativement aux variations de la lumière zodiacale, j'inclinerois assez à croire que ces variations ne sont pas toutes des apparences qui dépendent de certaines modifications qu'éprouve notre atmosphère. Quelquefois, par des nuits également sereines, j'ai cherché vainement la lumière zodiacale, quand la veille elle s'étoit montrée dans le plus grand éclat [1].

[1] Mairan avoit été frappé du même phénomène dans nos climats. « Je ne dois pas passer sous silence, dit-il, que deux fois, dans ce mois d'avril, je n'ai pu découvrir vers l'occident aucune trace de la lumière zodiacale, par le temps du monde qui sembloit y être le plus favorable, à l'heure et à la saison où cette lumière est la plus visible. Et ce qui est encore digne de remar-

Faut-il admettre que des émanations, qui réfléchissent la lumière blanche, et qui paroissent avoir de l'analogie avec la queue des comètes, sont moins abondantes à de certaines époques? Les recherches sur la clarté zodiacale gagnent d'intérêt depuis que les géomètres nous ont appris que nous ignorons la véritable cause de ce phénomène. L'illustre auteur de la *Mécanique céleste* a fait voir que l'atmosphère solaire ne peut pas même s'étendre jusqu'à l'orbe de Mercure, et qu'elle ne présenteroit, dans aucun cas, la forme lenticulaire que l'observation donne à la lumière zodiacale [1]. On peut d'ailleurs élever sur la nature de cette lumière les mêmes doutes que sur celle de la queue des comètes. Est-ce vraiment une lumière réfléchie, ou est-elle directe? Il faut espérer que les physiciens voyageurs, qui visiteront les régions équinoxiales, se muniront d'appareils de polarisation propres à résoudre cette question importante.

que, c'est qu'elle s'est montrée, le lendemain de chacun de ces jours, très-brillante et très-étendue. » *Mém. de l'Acad.*, 1733, p. 483, et *Mairan, Traité de l'Aurore bor.*, éd. 2, p. 263.

[1] *Syst. du Monde* (éd. 4e), p. 270.

Nous quittâmes, le 11 février, au lever du soleil, la plantation de Manterola. Le chemin suit les bords rians du Tuy; la matinée étoit fraîche et humide; l'air sembloit embaumé par l'odeur délicieuse du Pancratium undulatum et d'autres grandes liliacées. Pour aller à la Victoria on passe par le joli village du Mamon, ou du *Consejo*, célèbre dans la province par une image miraculeuse de la Vierge. Peu avant le Mamon, nous nous arrêtâmes dans une ferme appartenant à la famille des *Monteras*. Une négresse plus que centenaire étoit assise devant une petite cabane construite en terre et en joncs. On connoissoit son âge, parce qu'elle étoit esclave créole. Elle sembloit jouir encore d'une très-bonne santé : « Je la tiens au soleil (*la tengo al sol*), disoit son petit-fils, la chaleur la fait vivre. » Le moyen nous parut violent, car le soleil dardoit des rayons presque perpendiculaires. Les peuples à peau basanée, les noirs bien acclimatés et les Indiens, arrivent à une heureuse vieillesse sous la zone torride. J'ai cité ailleurs l'histoire d'un indigène du Pérou [1],

[1] Hilario Pari de Chiguata.

mort à l'âge de 143 ans, après avoir été marié 90 ans.

Don Francisco Montera, et son frère, jeune ecclésiastique très-éclairé, nous accompagnèrent pour nous conduire à leur maison à la Victoria. Presque toutes les familles avec lesquelles nous avions été liés d'amitié à Caracas, les Ustariz, les Tovars, les Toros, se trouvoient réunies dans les belles vallées d'Aragua. Propriétaires des plus riches plantations, ils rivalisoient entre eux pour nous rendre notre séjour agréable. Avant de nous enfoncer dans les forêts de l'Orénoque, nous jouîmes encore une fois de tous les avantages d'une civilisation avancée.

Le chemin du Mamon à la Victoria se dirige vers le sud et le sud-ouest. Nous perdîmes bientôt de vue la rivière du Tuy, qui, tournant à l'est, forme un coude au pied des hautes montagnes de Guayraima. A mesure qu'on approche de la Victoria, le sol devient plus uni; il ressemble au fond d'un lac écoulé. On croiroit se trouver à la vallée de Hasli, dans le canton de Berne. Les collines d'alentour, composées de tuf calcaire, n'ont que 140 toises d'élévation; mais, taillées à pic, elles s'avancent comme des promontoires dans la plaine. Leur forme indique l'ancien rivage du lac. L'extrémité orientale de cette vallée est aride et inculte. On n'a point profité des ravines qui arrosent les montagnes voisines; mais une belle culture commence dans la proximité de la ville. Je dis de la ville, quoique de mon temps la Victoria ne fût encore considérée que comme un simple village (*pueblo*).

On se fait avec peine à l'idée d'un village qui a 7000 habitans, de beaux édifices, une église ornée de colonnes d'ordre dorique [1], et toutes les ressources de l'industrie commerciale. Depuis long-temps les habitans de la Victoria avoient demandé à la cour d'Espagne le titre de *villa* et le droit de choisir un *cabildo*, une municipalité. Le ministère espagnol s'opposa à cette demande, quoique, lors de l'expédition d'Iturriaga et de Solano à l'Orénoque, il eût accordé, à la sollicitation pressante des moines de Saint-François, le titre pompeux de *ciudad*, cité,

[1] Elle n'étoit point terminée, on y travailloit depuis cinq ans.

à quelques groupes de cabanes indiennes. Le gouvernement municipal, d'après sa nature, devoit être une des bases principales de la liberté et de l'égalité des citoyens; mais, dans les colonies espagnoles, il a dégénéré en une aristocratie municipale. Ceux qui exercent un pouvoir absolu, au lieu de profiter habilement de l'influence de quelques familles puissantes, redoutent ce qu'ils appellent l'esprit d'indépendance des petites communes. Ils aiment mieux laisser le corps de l'état sans mouvement et sans force, que de favoriser des centres d'action qui échappent à leur influence, que d'entretenir cette vie partielle qui anime la masse entière, parce qu'elle émane plutôt du peuple que de l'autorité suprême. Du temps de Charles-Quint et de Philippe II, l'institution des municipalités fut sagement protégée par la cour. Des hommes puissans, qui avoient joué un rôle dans la conquête, fondoient des villes et formoient les premiers *cabildos*, à l'instar de ceux d'Espagne. Il existoit alors une égalité de droits entre les hommes de la métropole et leurs descendans en Amérique. La politique, sans être franche, étoit moins

CHAPITRE XV. 125

ombrageuse qu'aujourd'hui. Le continent, récemment conquis et dévasté, fut considéré comme une possession lointaine de l'Espagne. L'idée d'une colonie, dans le sens qu'on y attache de nos jours, ne se développa qu'avec le système moderne de la politique commerciale; et cette politique, tout en reconnoissant les véritables sources de la richesse nationale, devint bientôt étroite, défiante, exclusive. Elle prépara la désunion entre la métropole et les colonies; elle établit parmi les blancs une inégalité que la première législation des Indes n'avoit point fixée. Peu-à-peu la concentration des pouvoirs affoiblit l'influence des municipalités; et ces mêmes *cabildos*, qui, dans les XVIe et XVIIe siècles [1], avoient le privilége d'administrer le pays *par interim*, après le décès d'un gouverneur, furent regardés par la cour de Madrid comme des entraves dangereuses pour l'autorité royale. Dès-lors les villages les plus riches, malgré l'accroissement de leur population, obtinrent avec difficulté le titre de ville, et le droit de

[1] *Cedulas reales* de 1560 et 1675.

se gouverner eux-mêmes. Il résulte de là que les changemens modernes de la politique coloniale n'ont pas été tous en faveur de la philosophie. On peut s'en convaincre en examinant les *lois des Indes* [1], en tant qu'elles concernent les Espagnols transplantés en Amérique et leurs descendans, les droits des communes, et l'établissement des municipalités.

Les environs de la Victoria offrent un aspect bien remarquable, sous le rapport de la culture. La hauteur du sol labouré est de 270 à 300 toises au-dessus du niveau de l'Océan, et cependant on y voit des champs de froment mêlés à des plantations de canne à sucre, de cafier et de bananes. A l'exception de l'intérieur de l'île de Cuba [2], on ne trouve presque pas ailleurs, dans la région équinoxiale des colonies espagnoles, les céréales d'Europe cultivées en grand dans une région si peu élevée. Au Mexique, les belles cultures de froment sont entre 600 et 1200 toises d'élévation absolue; il est assez rare de les voir des-

[1] *Leyes de Indias*, les plus anciennes.
[2] Le district des *Quatro Villas*.

cendre à 400 toises. Nous verrons bientôt que le produit des céréales augmente sensiblement, des hautes latitudes vers l'équateur, avec la température moyenne du climat, en comparant des sites inégalement élevés. Le succès de l'agriculture dépend de la sécheresse de l'air; des pluies réparties entre différentes saisons, ou accumulées en une seule saison d'hivernage; des vents soufflant toujours de l'est, ou amenant l'air froid du nord dans les basses latitudes (comme dans le golfe du Mexique); des brumes qui, pendant des mois entiers, diminuent l'intensité des rayons solaires; enfin de mille circonstances locales qui influent moins sur la température moyenne de l'année entière, que sur la distribution d'une même quantité de chaleur entre les diverses parties de l'année. C'est un spectacle frappant de voir les céréales de l'Europe cultivées depuis l'équateur jusqu'en Laponie, par les 69° de latitude, dans des régions qui ont de + 22° à — 2° de chaleur moyenne, par-tout où la température de l'été est au-dessus de 9° à 10°. On connoît le *minimum* de chaleur nécessaire pour mûrir le froment, l'orge ou l'avoine; on est plus incertain sur le *maximum* que ces graminées d'ailleurs si flexibles peuvent supporter. Nous ignorons même l'ensemble des circonstances qui favorisent la culture du blé entre les tropiques, à de très-petites hauteurs. La Victoria et le village voisin de San-Matheo produisent 4000 quintaux de froment. On le sème au mois de décembre. La récolte se fait le soixante-dixième ou soixante-quinzième jour. Le grain est gros, blanc, très-abondant en gluten: sa pellicule est plus mince, moins dure que celle du froment des plateaux très-froids du Mexique. Un arpent[1] donne généralement, près de la Victoria, 3000 à 3200 liv. de froment. Le produit moyen est donc ici, comme à Buenos-Ayres, deux à trois fois plus grand que celui des pays du nord. On récolte à-peu-près seize fois la semence, quand, d'après les recherches de Lavoisier, la surface de la France ne donne, terme moyen, que 5 à 6 grains pour un, ou 1000 à 1200 livres par arpent. Malgré cette fécondité du sol

[1] Un *arpent des eaux et forêts* ou *arpent légal de France*, dont 1,95 font 1 hectare.

et cette influence bienfaisante du climat, la culture de la canne à sucre est plus productive dans les vallées d'Aragua que celle des céréales.

La Victoria est traversée par le petit Rio Calanchas, qui débouche non dans le Tuy, mais dans le Rio Aragua : il en résulte que ce beau pays, qui produit à-la-fois de la canne à sucre et du froment, appartient déjà au bassin du lac de Valence, à un systême de rivières intérieures qui ne communiquent pas avec la mer. Le quartier de la ville qui s'étend à l'ouest du Rio Calanchas, s'appelle *la otra banda* : c'est la partie la plus commerçante. Par-tout on voit des marchandises étalées. Des rangées de boutiques forment les rues. Deux routes de commerce passent par la Victoria, celle de Valencia ou de Porto-Cabello, et la route de Villa de Cura ou des plaines, appelée *camino de los Llanos*. On y trouve proportionnellement plus de blancs qu'à Caracas. Nous visitâmes, au coucher du soleil, le monticule du calvaire. La vue y est très-belle et très-étendue. On découvre à l'ouest les vallées riantes d'Aragua, vaste terrain couvert de jardins, de champs cultivés, de bouquets d'arbres sauvages, de fermes et de hameaux. En se tournant vers le sud et le sud-est, on voit s'étendre à perte de vue les hautes montagnes de la Palma, Guayraima, Tiara et Guiripa, qui cachent les immenses plaines ou steppes de Calabozo. Cette chaîne intérieure se prolonge à l'ouest, en longeant le lac de Valence, vers la Villa de Cura, la Cuesta de Yusma, et les montagnes dentelées de Guigue. Elle est escarpée et constamment couverte de cette vapeur légère qui donne, dans les climats chauds, une teinte d'un bleu très-vif aux objets éloignés, et, loin de voiler leurs contours, les rend plus fermes et plus prononcés. On croit que, parmi les montagnes de la chaîne intérieure, celles de Guayraima atteignent jusqu'à 1200 toises de hauteur. J'ai trouvé, dans la nuit du 11 février, la latitude de la Victoria de 10° 13′ 35″; l'inclinaison magnétique de 40°,80, l'intensité des forces correspondantes à 236 oscillations en 10 minutes de temps [1], et la

[1] Les intensités de la force magnétique à la Guayra, à la Venta grande, entre la Guayra et Caracas, et à la

variation de l'aiguille de 4° 40' au nord-est.

Nous continuâmes lentement notre route par les villages de San-Matheo, Turmero et Maracay à l'Hacienda de Cura, belle plantation du comte Tovar, où nous n'arrivâmes que le 14 février au soir. La vallée s'élargit progressivement : elle est bordée de collines de tuf calcaire qu'on appelle ici *tierra blanca*. Les savans du lieu ont fait plusieurs essais pour calciner cette terre : ils l'ont confondue avec la terre à porcelaine, qui naît de couches de feldspath décomposé. Nous nous arrêtâmes quelques heures chez une famille également respectable et instruite, les Ustariz, à la *Concesion*. La maison, qui renferme une collection de livres choisis, est placée sur une éminence ; elle est entourée de plantations de cafier et de canne à sucre. Un bosquet de baumiers (*balsamo*)[1] donne à ce site de la fraîcheur et

---

Victoria (de 234 à 236 oscillations), sont les plus fortes que j'aie observées sur la Terre-Ferme. Dans cette zone où l'inclinaison est généralement de 40° à 43°, l'intensité moyenne des forces correspond à 226 à 228 oscillations. Ces augmentations tiennent sans doute à quelque cause locale dans le gneiss, le micaschiste et le granite voisins.

[1] Amyris *elata*.

de l'ombrage. Nous vîmes avec un vif intérêt le grand nombre de maisons isolées dans la vallée, et habitées par des affranchis. Les lois, les institutions, les mœurs sont plus favorables à la liberté des nègres dans les colonies espagnoles que dans celles des autres nations européennes.

San-Matheo, Turmero et Maracay sont des villages charmans, dans lequels tout annonce la plus grande aisance. On croit se trouver dans la partie la plus industrieuse de la Catalogne. Près de San-Matheo, nous vîmes les derniers champs de froment et les derniers moulins à roues hydrauliques horizontales. On s'attendoit à une récolte de vingt fois la semence; et, comme si ce produit n'étoit encore que modique, l'on me demanda si le blé rendoit davantage en Prusse et en Pologne? C'est une erreur assez répandue sous les tropiques de regarder les céréales comme des plantes qui dégénèrent en avançant vers l'équateur, et de croire les récoltes plus abondantes dans les pays du nord. Depuis qu'on a pu soumettre au calcul, et les produits de l'agriculture sous les différentes zones, et les tempéra-

CHAPITRE XV. 133

tures sous l'influence desquelles les céréales se développent, on a reconnu que, nulle part au-delà de 45° de latitude, le froment n'est d'un rapport aussi grand que sur les côtes septentrionales d'Afrique et les plateaux de la Nouvelle-Grenade, du Pérou et du Mexique. En ne comparant pas les températures moyennes de l'année entière, mais seulement les températures moyennes de la saison qui embrasse le *cycle de la végétation* des céréales, on trouve[1], pour trois mois d'été,

---

[1] La *température moyenne des étés* d'Écosse (des environs d'Édimbourg, lat. 56°) se retrouve dans les plateaux de la Nouvelle-Grenade, si riches en froment, à 1400 toises de hauteur, par les 4° de latitude. D'un autre côté, on rencontre la température moyenne des vallées d'Aragua (lat. 10° 13') et de toutes les plaines peu élevées de la zone torride, dans la *température d'été* de Naples et de Sicile (lat. 39°-40). Ces nombres indiquent la position des lignes *isothères* (d'égal été), et non la position des lignes *isothermes* (d'égale chaleur annuelle). Sous le rapport de la quantité de chaleur que reçoit un même point du globe pendant l'espace d'une année entière, les températures moyennes des vallées d'Aragua et des plateaux de la Nouvelle-Grenade, de 300 et de 1400 toises d'élévation, correspondent aux températures moyennes des côtes par les 23° et 45° de latitude. *Voyez*, pour les fondemens de ces calculs, mon Essai sur la distribution de la chaleur, dans les *Mém.*

dans le nord de l'Europe, 15° à 19°; en Barbarie et en Égypte, 27° à 29°; sous les tropiques, entre 1400 et 300 toises de hauteur, 14° à 25°, 5 du thermomètre centigrade.

Les belles récoltes de l'Égypte et du royaume d'Alger, celles des vallées d'Aragua et de l'intérieur de l'île de Cuba, prouvent suffisamment que l'accroissement de la chaleur n'est pas nuisible à la récolte du froment et des autres graminées nourrissantes; si cette température élevée n'est pas en même temps unie à un excès de sécheresse ou d'humidité. C'est à cette dernière circonstance qu'il faut sans doute attribuer les anomalies apparentes que l'on observe quelquefois sous les tropiques, dans la *limite inférieure des Céréales* [1]. On

---

de la Soc. d'Arcueil, Tom. III, p. 516, 579, 602; et plus haut, Tom. IV, p. 195.

[1] Depuis mon retour en Europe, M. Caldas a réuni un grand nombre d'observations sur cette *limite* dans un mémoire qui doit se trouver à Santa-Fe de Bogota parmi les papiers de notre illustre ami, Don Jose Celestino Mutis. *Voyez* la traduction espagnole de ma Géographie des plantes, dans le *Semanario de N. Granada*, Tom. II, p. 187.

CHAPITRE XV. 135

est étonné de voir, à l'est de la Havane, dans le fameux district des *Quatro Villas*, descendre cette limite presque jusques au niveau de l'Océan; tandis que, à l'ouest de la Havane, sur la pente des montagnes du Mexique, près de Xalapa, à 677 toises de hauteur, le luxe de la végétation est encore tel que le froment n'y forme pas d'épis. Au commencement de la conquête, les céréales d'Europe furent cultivées avec succès dans plusieurs régions que l'on croit aujourd'hui trop chaudes ou trop humides pour cette branche de l'agriculture. Les Espagnols, récemment transplantés en Amérique, étoient moins accoutumés à se nourrir de maïs; on tenoit encore plus aux habitudes de l'Europe; on ne calculoit pas si le froment rapporteroit moins que le café ou le coton; on essayoit toutes les semences; on interrogeoit plus hardiment la nature, parce qu'on raisonnoit moins d'après de fausses théories. La province de Carthagène, qui est traversée par les chaînes de montagnes de Maria et de Guamocò, produisoit du froment jusqu'au XVIe siècle [1]. Dans la pro-

[1] *Don Ignacio de Pombo, Informe del Real Consulado de Cartagena de Indias*, 1810, p. 75.

vince de Caracas, cette culture est très-ancienne dans les terrains montagneux du Tocuyo, de Quibor et de Barquesimeto, qui lie la chaîne côtière à la *Sierra nevada* de Merida. Elle s'y est très-heureusement conservée, et les seuls environs de la ville de Tocuyo exportent annuellement près de 8000 quintaux d'excellentes farines. Mais, quoique la province de Caracas, dans sa vaste étendue, offre plusieurs sites très-propres au développement du froment d'Europe, je pense qu'en général cette branche de l'agriculture n'y sera jamais très-importante. Les vallées les plus tempérées n'ont pas assez de largeur; ce ne sont pas de véritables plateaux, et leur élévation moyenne, au-dessus de la surface de la mer, n'est pas assez considérable pour que les habitans n'aient pas plus d'intérêt à établir des plantations de café qu'à cultiver les céréales. Aujourd'hui les farines arrivent à Caracas, ou d'Espagne, ou des États-Unis. Lorsque, dans des circonstances politiques plus favorables à l'industrie et à la tranquillité publique, le chemin de Santa-Fe de Bogota à l'embarcadère du Pachaquiaro sera frayé, les habitans de Venezuela recevront les farines de la Nouvelle-Grenade par le Rio Meta et l'Orénoque.

A quatre lieues de distance de San-Matheo se trouve le village de Turmero. On traverse toujours des plantations de sucre, d'indigo, de coton et de café. La régularité que l'on observe dans la construction des villages, rappelle que tous doivent leur origine aux moines et aux missions. Les rues sont bien alignées et parallèles : elles se croisent en angle droit; la grande place, qui forme un carré au centre, renferme l'église. Celle de Turmero est un édifice somptueux, mais surchargé d'ornemens d'architecture. Depuis que les missionnaires ont fait place aux curés, les blancs ont mêlé leurs habitations à celles des Indiens. Ces derniers disparoissent peu-à-peu, comme une race séparée, c'est-à-dire qu'ils sont représentés, dans le tableau général de la population, par les métis et les Zambos, dont le nombre augmente journellement. J'ai trouvé cependant encore 4000 Indiens tributaires dans les vallées d'Aragua. Ceux de Turmero et de Guacara sont les plus nombreux. Ils sont petits, mais moins trapus que les Chaymas; leurs yeux annoncent plus de vivacité et d'intelligence, ce qui tient peut-être moins à la diversité de la race qu'à une civilisation plus avancée. Ils travaillent, comme les gens libres, à la journée : ils sont actifs et laborieux le peu de temps qu'ils s'adonnent au travail; mais ce qu'ils gagnent en deux mois, ils le dépensent en une semaine en achetant des liqueurs fortes dans les petites hôtelleries dont malheureusement le nombre s'accroît de jour en jour.

Nous vîmes à Turmero le reste d'un rassemblement de la milice du pays; son aspect seul annonçoit que, depuis des siècles, ces vallées ont joui d'une paix non interrompue. Le capitaine-général, croyant donner une nouvelle impulsion au service militaire, avoit ordonné de grands exercices; dans un simulacre de combat, le bataillon de Turmero avoit fait feu sur celui de la Victoria. Notre hôte, lieutenant de milice, ne se lassoit point de nous peindre le danger de cette manœuvre. « Il s'étoit vû entouré de fusils qui pouvoient crever à chaque instant : on l'avoit tenu quatre heures au soleil, sans permettre à ses esclaves d'étendre un parasol au-dessus de sa tête. » Que les peuples qui paroissent les plus pacifiques prennent rapidement des habitudes guerrières ! Je souriois alors d'une timidité qui s'annonçoit avec une candeur si naïve ; et douze années plus tard ces mêmes vallées d'Aragua, ces plaines paisibles de la Victoria et de Turmero, le défilé de la Cabrera, et les bords fertiles du lac de Valencia, sont devenus le théâtre des combats les plus sanglans et les plus acharnés entre les indigènes et les soldats de la métropole.

Au sud de Turmero, une masse de montagnes calcaires avance dans la plaine et sépare deux belles plantations de canne à sucre, la *Guayavita* et la *Paja.* La dernière appartient à la famille du comte Tovar, qui a des propriétés dans toutes les parties de la province. Près de la Guayavita on a découvert de la mine de fer brune. Au nord de Turmero, dans la Cordillère de la côte, s'élève une cime granitique, le *Chuao*, du haut de laquelle on voit à-la-fois la mer et le lac de Valencia. En traversant cette arête rocheuse, qui se prolonge à perte de vue vers l'ouest, on arrive, par des sentiers assez difficiles, aux riches plantations de cacao que renferme le littoral, à Choroni, Turiamo et Ocumare, également célèbres par la fertilité de leur sol et l'insalubrité de leur climat. Turmero, Maracay, Cura, Guacara, chaque point de la vallée d'Aragua a son chemin de montagnes qui aboutit à un des petits ports de la côte.

En sortant du village de Turmero, on découvre, à une lieue de distance, un objet qui se présente à l'horizon comme un tertre arrondi, comme un *tumulus* couvert de végétation. Ce n'est point une colline, ni un groupe d'arbres très-rapprochés, c'est un seul arbre, le fameux *Zamang del Guayre*, connu dans toute la province par l'énorme étendue de ses branches, qui forment une cime hémisphérique de 576 pieds de circonférence. Le Zamang est une belle espèce de Mimosa, dont les branches tortueuses se divisent par bifurcation. Son feuillage mince et délicat se détachoit agréablement sur l'azur du ciel. Nous nous arrêtâmes long-temps sous cette voûte végétale. Le tronc du *Zamang del Guayre*[1], qui se trouve

[1] Le *Mimosa du Guayre*; car *Zamang* est le nom in-

sur la route même de Turmero à Maracay, n'a que 60 pieds de haut et 9 pieds de diamètre, mais sa véritable beauté consiste dans la forme générale du sommet. Les branches s'étendent comme un vaste parasol, et inclinent par-tout vers la terre, dont elles restent uniformément éloignées de 12 à 15 pieds. La périphérie du branchage ou du sommet est si régulière, qu'en traçant différens diamètres, je les trouvai de 192 et de 186 pieds. Un côté de l'arbre étoit entièrement dépouillé de ses feuilles, par l'effet de la sécheresse ; sur un autre côté restoient à-la-fois des feuilles et des fleurs. Des Tillandsia, des Loranthées, la Raquette Pitahaya, et d'autres plantes parasites, couvrent les branches et en brisent l'écorce. Les habitans de ces vallées, sur-tout les Indiens, ont en vénération le *Zamang del Guayre*, que les premiers conquérans

---

dien qui désigne les genres Mimosa, Desmanthus et Acacia. Le site où se trouve l'arbre s'appelle *El Guayre*. Le Mimosa (Inga) saman de Jacquin (*Fragmen. bot.*, p. 5, Tab. IX), cultivé dans les belles serres de Schönbrun, n'est pas de la même espèce que l'arbre colossal de Turmero.

paroissent avoir trouvé à-peu-près dans le même état que nous le voyons aujourd'hui. Depuis qu'on l'observe attentivement, on ne l'a pas vu changer de grosseur et de forme. Ce Zamang doit être pour le moins de l'âge du Dragonnier de l'Orotava. Il y a quelque chose d'imposant et de majestueux dans l'aspect des vieux arbres; aussi la violation de ces monumens de la nature est-elle sévèrement punie dans des pays qui sont dépourvus des monumens de l'art. Nous apprîmes avec satisfaction que le propriétaire actuel du Zamang avoit intenté un procès à un fermier qui avoit eu la témérité de couper une branche. La cause fut plaidée, et le tribunal condamna le fermier. On trouve près de Turmero et de l'Hacienda de Cura d'autres *Zamangs* qui ont le tronc plus gros que celui du Guayre, mais leur sommet hémisphérique n'est pas également étendu.

La culture et la population des plaines augmente à mesure que l'on avance vers Cura et Guacara, sur le bord septentrional du lac. On compte plus de 52,000 habitans dans les vallées d'Aragua, sur une étendue de terrain de 13 lieues de long et 2 de large. C'est une population relative de 2000 ames par lieue carrée, qui égale presque celle des parties les mieux peuplées de la France. Le village, ou plutôt le bourg de Maracay, étoit jadis le centre des plantations d'indigo, lorsque cette branche de l'industrie coloniale prospéroit le plus. En 1795, on y comptoit 70 marchands tenant boutique, sur une population de 6000 habitans. Les maisons sont toutes en maçonnerie; chaque cour renferme des cocotiers, dont la cime s'élève au-dessus des édifices. L'aspect d'aisance générale est encore plus frappant à Maracay qu'à Turmero. L'*anil*, ou indigo de ces contrées, a été regardé constamment dans le commerce comme égal, quelquefois comme supérieur à celui de Guatimala. Cette branche de culture a suivi, depuis 1772, celle du cacao; elle a précédé les cultures du coton et du café. La prédilection des colons s'est fixée successivement sur chacune de ces quatre productions; mais le cacao et le café sont restés les seuls objets importans du commerce avec l'Europe. Dans les temps les plus prospères, la fabrication de l'indigo a presque égalé celle du Mexique [1]; elle s'est élevée, dans le Venezuela, à 40,000 arrobas, ou un million de livres pesant, dont la valeur excédoit [2] 1,250,000 piastres. Je donnerai ici, d'après des renseignemens officiels [3] qui n'ont jamais été publiés, l'accroissement progressif de cette branche de l'agriculture d'Aragua :

EXPORTATION DE L'INDIGO PAR LA GUAYRA :

Année moyenne de 1774 à 1778...... 20,300 liv.
1784..............................126,233
1785..............................213,172
1786..............................271,005
1787..............................432,570
1788..............................505,956
1789..............................718,393
1792..............................680,229
1794..............................898,353
1796..............................737,966

[1] Guatimala verse dans le commerce 1,200,000 à 1,500,000 livres d'indigo.

[2] La livre d'indigo a 10 réaux *de plata*.

[3] *Expediente relativo al comercio y crecido contrabando de la Provincia de Caracas, dirigido al Exc. Señor Don Pedro Varela, por el Conde de Casa Valencia, 13 junio 1797.* — *Informes de Don Esteban Fernandez de Leon, Intendente de Caracas, del 26 sept.* 1795. (Manuscrits.)

CHAPITRE XV.   145

Dans ce tableau on n'a point eu égard à la contrebande, que l'on peut évaluer, pour l'indigo, au moins à $\frac{1}{4}$ ou $\frac{1}{5}$ de l'exportation annuelle. Pour se former une idée de l'énorme richesse de l'agriculture dans les colonies espagnoles, il faut se rappeler ici que l'indigo de Caracas, dont la valeur est montée en 1794 à plus de 6 millions de francs, a été le produit de 4 ou 5 lieues carrées. Dans les années 1789—1795, près de quatre à cinq mille hommes libres venoient annuellement des Llanos, dans les vallées d'Aragua, pour aider à la culture et à la fabrication de l'indigo. Ils travailloient pendant deux mois à la journée.

L'anil, plus qu'aucune autre plante, appauvrit le sol sur lequel on le cultive pendant une longue série d'années. On regarde comme épuisés les terrains de Maracay, de Tapatapa et de Turmero; aussi le produit de l'indigo a toujours été en diminuant. Les guerres maritimes ont fait languir le commerce, et les prix ont baissé, par l'importation fréquente de l'indigo d'Asie. La compagnie des Indes vend aujourd'hui [1] à

[1] Par exemple, en 1810. Voy. *Colquhoun, Append.* p. 23.

Londres plus de 5,500,000 livres d'indigo, tandis que, en 1786, elle ne tiroit pas de ses vastes possessions 250,000 livres. A mesure que la culture de l'indigo a diminué dans les vallées d'Aragua, elle a augmenté dans la province de Varinas, et dans les plaines brûlantes de Cucuta, où, sur les bords du Rio Tachira, des terres vierges en donnent un produit abondant, et de la plus grande richesse de couleur.

Nous arrivâmes très-tard à Maracay. Les personnes, auxquelles nous étions recommandés, étoient absentes; à peine les habitans s'aperçurent-ils de notre embarras, que l'on nous offrit à l'envi de nous loger, de placer nos instrumens, et de se charger de nos mulets. On l'a dit mille fois, mais le voyageur sent toujours un nouveau besoin de le répéter : les colonies espagnoles sont la terre de l'hospitalité; elles le sont même encore là où l'industrie et le commerce ont répandu l'aisance et quelque culture parmi les colons. Une famille de Canariens nous reçut avec la plus aimable cordialité : on nous prépara un excellent repas, on évitoit avec soin tout ce qui pouvoit entraver notre liberté. Le maître de la maison [1] étoit en voyage pour des affaires de commerce ; sa jeune femme jouissoit depuis peu du bonheur d'être mère. Elle se livra à la joie la plus vive, lorsqu'elle sut qu'au retour du Rio Negro nous passerions sur les bords de l'Orénoque, à l'Angostura, où se trouvoit son mari. C'est par nous qu'il devoit apprendre la naissance d'un premier enfant. Dans ces pays, comme chez les anciens, les hôtes voyageurs sont regardés comme les moyens de communication les plus sûrs. Il y a des courriers, mais ces courriers font des détours si grands, que les particuliers leur confient rarement des lettres pour les *Llanos* ou savanes de l'intérieur. On nous porta l'enfant au moment du départ. Nous l'avions vu dormir le soir, il falloit le voir éveillé le matin. Nous promîmes de le dépeindre trait pour trait à son père ; mais l'aspect de nos livres et de nos instrumens ne rassura guère la jeune femme. Elle disoit « que, dans un long voyage, au milieu de tant de soins d'un autre genre, nous pourrions bien oublier la couleur des yeux de

[1] Don Alexandro Gonzales.

son enfant. » Douces habitudes de l'hospitalité ! Expression naïve d'une confiance qui caractérise le premier âge de la civilisation !

Dans le chemin de Maracay à l'*Hacienda* de Cura, on jouit de temps en temps de la vue du lac de Valencia. La chaîne granitique du littoral envoie vers le sud un bras dans la plaine : c'est le promontoire du *Portachuelo*, par lequel la vallée seroit presque fermée, si un défilé étroit ne séparoit pas le promontoire du rocher de la Cabrera. Cet endroit est devenu tristement célèbre dans les dernières guerres révolutionnaires de Caracas : tous les partis se le sont vivement disputé comme ouvrant le chemin de Valencia et celui des Llanos. La Cabrera forme aujourd'hui une péninsule; il n'y a pas 60 ans qu'elle étoit une île rocheuse dans le lac, dont les eaux diminuent progressivement. Nous passâmes sept jours très-agréables à l'*Hacienda* de Cura, dans une petite maison entourée de bocages; car la maison, placée dans la belle plantation de canne à sucre, étoit infectée de *bubas*, maladie de peau très-commune parmi les esclaves dans ces vallées.

Nous vécûmes à la manière des gens aisés du pays, en prenant deux bains, en dormant trois fois, et en faisant trois repas dans les 24 heures. La température de l'eau du lac est assez chaude, de 24 à 25 degrés; mais il y a un autre bain très-frais et délicieux, à l'ombre des Ceiba et de gros *Zamangs*, à la *Toma*, dans un torrent qui sort des montagnes granitiques du *Rincon del Diablo*. Au moment d'entrer dans ce bain, on n'a pas à craindre la piqûre des insectes, mais les petits poils roussâtres qui couvrent les gousses du Dolichos pruriens, et qui, disséminés dans l'atmosphère, sont amenés par les vents. Lorsque ces poils, que l'on caractérise très-bien par le nom de *Picapica*, s'attachent au corps, ils excitent une démangeaison extrêmement cuisante. On se sent piqué, sans s'apercevoir de la cause du mal.

Près de Cura, nous trouvâmes tous les habitans occupés à défricher le terrain, couvert de Mimoses, de Sterculia, et de Coccoloba excoriata pour donner plus d'étendue à la culture du coton. Cette culture, qui remplace en partie celle de l'indigo, a si bien réussi depuis quelques années, que le cotonnier est devenu sauvage sur les bords du lac de

Valence. Nous en avons trouvé des arbustes de 8 ou 10 pieds de haut, entrelacés de Bignonia et d'autres lianes ligneuses. L'exportation du coton de Caracas est cependant encore peu importante. Elle a été à la Guayra, année moyenne, à peine de trois ou quatre cent mille livres; mais, dans tous les ports de la *Capitania general*, elle s'est élevée, à cause des belles cultures de Cariaco, de Nueva Barcelona et de Maracaybo, à plus de 22,000 quintaux [1]. C'est presque la moitié du produit de tout l'Archipel des

---

[1] En 1794, l'exportation de tous les ports de la *Capitania general* a été, pour l'Espagne, 804,075 livres de coton; pour d'autres colonies espagnoles de l'Amérique, sur-tout pour la province industrieuse de Campêche, où l'on fait beaucoup de toiles de coton, 90,482; pour les colonies étrangères, 117,281 : total 1,011,838 livres. (*Informe del Sr. Conde de Casa Valencia*, manuscrit.) Dans la même année, la Guayra seule a seulement exporté 431,658 liv., dont 126,436 liv. de la province de Macaraybo. Exportation de ce même port (toujours sans y comprendre le commerce illicite):

  1789.......... 170,427 livres.
  1792.......... 258,502
  1796.......... 537,178
  1797.......... 107,996.

Pour les premiers six mois de 1809, voyez le *Semanario de Santa-Fe*, Tom. II, p. 324. Les prix ont été, en 1794, de 34 à 56 piastres le quintal.

Antilles [1]. Le coton des vallées d'Aragua est d'une belle qualité; il n'est inférieur qu'à celui du Brésil, car on le préfère à celui de Carthagène, de l'île de Saint-Domingue, et des Petites-Antilles. Les cultures de coton s'étendent d'un côté du lac de Maracay à Valencia, de l'autre de Guayca à Guigue. Les grandes plantations donnent 60,000 à 70,000 livres par an. Lorsqu'on se rappelle qu'aux États-Unis, par conséquent hors des tropiques, dans un climat inconstant et souvent contraire à la culture, l'exportation du coton indigène s'est élevée, en 18 ans (de 1797 à 1815) de 1,200,000 à 83 millions de livres, on a de la peine à se former une idée du développement immense que cette

---

[1] M. Medford, dans ses recherches sur les manufactures de l'Angleterre, compte que, des 61,380,000 liv. de coton que ces manufactures ont employé en 1805, il y en avoit 31 millions des États-Unis, 10 millions du Brésil et 10 millions des Antilles. Cette dernière quantité n'a point été le produit d'une seule année, ni celui du sol des îles. Les Grandes et Petites-Antilles ne produisoient encore, en 1812, que 5,200,000 livres de coton, dont la majeure partie appartient à la Barbade, aux îles Bahamas, à la Dominique et à la Grenade. Il ne faut pas confondre le produit du sol des Antilles avec leur exportation qui s'augmente par le commerce d'entrepôt. (*Colquhoun*, p. 378. *Page*, t. 1, p. 3.)

branche de commerce [1] va prendre, lorsqu'un jour l'industrie nationale ne sera plus entravée dans les provinces réunies de Venezuela, dans la Nouvelle-Grenade, le Mexique, et sur les rives de la Plata. Dans l'état actuel des choses, ce sont, après le Brésil, les côtes de la Guyane hollandoise, le golfe de Cariaco, les vallées d'Aragua, et les provinces de Maracaybo et de Carthagène, qui produisent le plus de coton dans l'Amérique méridionale.

Pendant notre séjour à Cura, nous fîmes de nombreuses excursions aux îles rocheuses qui s'élèvent au milieu du lac de Valencia, aux sources chaudes de Mariara, et à la haute montagne granitique appelée *El Cucurucho de Coco*. Un sentier étroit et dangereux conduit au port de Turiamo et aux fameuses cacaoyères de la côte. Dans toutes ces excursions, nous fûmes agréablement frappés, je ne dirai pas seulement des progrès de la culture, mais de l'accroissement

---

[1] Les seules manufactures de coton de la Grande-Bretagne fournissent, en toutes espèces de cotonnades tissées (toiles peintes, bas, etc.), pour la valeur de 29 millions de livres sterlings, dont la valeur du matériel brut s'élève à 6 millions.

d'une population libre, laborieuse, accoutumée au travail, trop indigente pour compter sur l'assistance des esclaves. Partout de petits fermiers blancs et mulâtres, avoient formé des établissemens isolés. Notre hôte, dont le père jouit de 40,000 piastres de rentes, possédoit plus de terres qu'il n'en pouvoit défricher; il les distribuoit, dans les vallées d'Aragua, à de pauvres familles qui vouloient s'adonner à la culture du coton. Il tâchoit d'entourer ces grandes plantations d'hommes libres qui, travaillant à leur gré, tantôt chez eux, tantôt dans les plantations voisines, lui offroient des journaliers dans le temps des récoltes. Noblement occupé des moyens propres à éteindre progressivement l'esclavage des noirs dans ces contrées, le comte Tovar se flattoit du double espoir et de rendre les esclaves moins nécessaires aux propriétaires, et d'offrir aux affranchis la facilité de devenir fermiers. En partant pour l'Europe, il avoit morcelé et arrenté une partie des terres de Cura, qui s'étendent à l'ouest au pied du rocher de *Las Viruelas*. Quatre ans plus tard, à son retour en Amérique, il trouva dans le même lieu de belles cultures de coton et un petit hameau de 30 à 40 maisons, que l'on appelle *Punta Zamuro*, et que nous avons souvent visité avec lui. Les habitans de ce hameau sont presque tous des mulâtres, des zambos et des nègres libres. Cet exemple d'arrentement a été heureusement suivi par plusieurs autres grands propriétaires. La redevance est de 10 piastres par *vanega* de terrain; elle est payée en argent ou en coton. Comme les petits fermiers se trouvent souvent dans le besoin, ils donnent leur coton à un prix très-modique. Ils le vendent même avant la récolte, et ces avances faites par de riches voisins, mettent le débiteur dans une dépendance qui le force à offrir plus souvent ses services comme journalier. Le prix de la main-d'œuvre est moins cher ici qu'en France. On paie un homme libre qui sert de journalier (*peon*) dans les vallées d'Aragua et les Llanos, quatre à cinq piastres par mois, sans la nourriture, qui est très-peu coûteuse à cause de l'abondance des viandes et des légumes. J'aime à entrer dans ces détails sur l'agriculture coloniale, parce qu'ils prouvent aux habitans de l'Europe, ce qui depuis long-temps n'est plus douteux pour les habitans éclairés des colonies, que le continent de l'Amérique espagnole peut produire du sucre, du coton et de l'indigo par des mains libres, et que les malheureux esclaves peuvent devenir paysans, fermiers et propriétaires.

CHAPITRE XVI.

Lac de Tacarigua. — Sources chaudes de Mariara. — Ville de Nueva Valencia de el Rey. — Descente vers les côtes de Porto-Cabello.

Les vallées d'Aragua, dont nous venons de faire connoître les riches cultures et l'admirable fécondité, forment un bassin resserré entre des montagnes granitiques et calcaires inégalement élevées. Au nord, la Sierra Mariara les sépare des côtes de l'Océan; vers le sud, la chaîne du Guacimo et de Yusma leur sert de rempart contre l'air embrasé des steppes. Des groupes de collines, assez hautes pour déterminer le cours des eaux, ferment le bassin à l'est et à l'ouest, comme des digues transversales. On trouve ces collines entre le Tuy et la Victoria [1], de même que dans le chemin de

---

[1] On pourroit regarder les montagnes élevées de

CHAPITRE XVI. 157

Valencia à Nirgua, et aux montagnes du Torito. Par cette configuration extraordinaire du sol, les petites rivières des vallées d'Aragua forment un système particulier, et dirigent leur cours vers un bassin fermé de toutes parts ; elles ne portent point leurs eaux à l'Océan, elles se réunissent dans un lac intérieur, et, soumises à l'influence puissante de l'évaporation, elles se perdent, pour ainsi dire, dans l'atmosphère. C'est de l'existence de ces rivières et de ces lacs que dépendent la fertilité du sol et le produit de la culture dans ces vallées. L'aspect des lieux et l'expérience d'un demi-siècle ont prouvé que le niveau des eaux n'y est pas constant, que l'équilibre est rompu entre le

Los Teques, qui donnent naissance au Tuy, comme le bord oriental des vallées d'Aragua. Le niveau du terrain continue en effet à s'élever de La Victoria (269 t.) à l'Hacienda de Tuy (295 t.) ; mais la rivière du Tuy, en tournant au sud vers les Sierras de Guairaima et de Tiara, a trouvé une issue à l'est, et il est plus naturel de considérer comme limites du *bassin* d'Aragua une ligne tirée par les sources des versans qui se jettent dans le lac de Valencia. Les cartes et les profils que j'ai tracés du chemin de Caracas à Nueva-Valencia et de Porto-Cabello à Villa de Cura, démontrent l'ensemble de ces rapports géologiques.

produit de l'évaporation et celui des affluens. Comme le lac est élevé de 1000 pieds au-dessus des steppes voisines de Calabozo, et de 1332 pieds au-dessus de la surface de la mer, on a soupçonné des communications et des filtrations souterraines. L'apparition de nouvelles îles et la retraite progressive des eaux ont fait croire que le lac pourroit bien se dessécher entièrement. Une réunion de circonstances physiques si remarquables a dû fixer mon attention sur ces vallées, où la beauté sauvage de la nature est embellie par l'industrie agricole et les arts d'une civilisation naissante.

Le lac de Valencia, que les Indiens appellent *Tacarigua* [1], excède, en étendue, le le lac de Neuchâtel en Suisse; mais sa forme générale rappelle plutôt celle du lac de Genève, dont la hauteur au-dessus de la surface de la mer est presque la même. Comme, dans les vallées d'Aragua, la pente du sol incline vers le sud et vers l'ouest, la partie du bassin qui est restée couverte

---

[1] Fray Pedro Simon nomme le lac, sans doute par erreur, Acarigua et Tarigua. (*Notic. histor.*, p. 533 et 668.)

d'eau se trouve la plus rapprochée de la chaîne méridionale des montagnes de Guigue, de Yusma et du Guacimo, qui se prolongent vers les hautes savanes d'Ocumare. Un contraste frappant se manifeste entre les bords opposés du lac de Valencia; ceux du sud sont déserts, nus et presque inhabités; un rideau de hautes montagnes leur donne un aspect sombre et monotone. Le rivage septentrional, au contraire, est riant, champêtre, orné de riches cultures de cannes à sucre, de cafiers et de cotons. Des chemins bordés de Cestrum, d'Azedarac et d'autres buissons toujours fleuris, traversent la plaine et réunissent des fermes éparses. Chaque maison est entourée d'un bouquet d'arbres. Le Ceiba à grandes fleurs jaunes [1] donne un caractère particulier au paysage, en unissant ses branches à celles de l'Erithryna pourpré. Le mélange et l'éclat des couleurs végétales contrastent avec la teinte unie d'un ciel sans nuages. Dans la saison des sécheresses, lorsque le sol embrasé est couvert d'une vapeur ondoyante, des arrosemens artificiels y entretiennent la verdure et la

[1] *Carnes tollendas;* Bombax *hibiscifolius.*

fécondité. De distance en distance la roche granitique perce la terre labourée. D'énormes masses pierreuses s'élèvent brusquement au milieu du vallon. Nues et fendillées, elles nourrissent quelques plantes grasses qui préparent du terreau pour des siècles futurs. Souvent, au sommet de ces collines isolées, un figuier ou un Clusia à feuilles charnues ont fixé leurs racines dans le roc, et dominent le paysage. A leurs branches mortes et sèches, on les prendroit pour des signaux plantés sur une côte escarpée. La forme de ces monticules trahit le secret de leur antique origine; car, lorsque toute cette vallée étoit remplie d'eau, et que les vagues battoient encore le pied des pics de *Mariara*, le *mur du Diable*[1] et la chaîne du littoral, ces collines rocheuses étoient des bas-fonds ou des îlots.

Ces traits d'un riche tableau, ces contrastes entre les deux bords du lac de Valencia, m'ont rappelé souvent les rives du pays de Vaud, « où la terre, par-tout cultivée et par-tout féconde, offre au laboureur, au pâtre, au vigneron, le fruit assuré de

[1] *El Rincon del Diablo.*

leurs peines, » tandis que la côte opposée du Chablais n'est qu'un pays montagneux et à demi-désert. Dans ces climats éloignés, entouré des productions d'une nature exotique, j'aimois à retracer à mon esprit les descriptions ravissantes que l'aspect du lac Leman et des rochers de Meillerie ont inspirées à un grand écrivain. Aujourd'hui qu'au centre de l'Europe civilisée, j'essaie à mon tour de dépeindre les sites du Nouveau-Monde, je ne crois pas offrir au lecteur des images plus nettes, des idées plus précises en comparant nos paysages à ceux de la région équinoxiale. On ne sauroit assez le répéter, sous chaque zone la nature agreste ou cultivée, riante ou majestueuse, offre un caractère individuel. Les impressions qu'elle nous laisse sont variées à l'infini, comme les émotions que produisent les ouvrages du génie, selon les siècles qui les ont enfantés et la diversité des langues auxquelles ils empruntent une partie de leur charme. On ne compare avec justesse que ce qui tient aux dimensions et aux formes extérieures ; on peut mettre en parallèle la cime colossale du Mont-Blanc et les montagnes de l'Hima-

Jaya, les cascades des Pyrénées et celles des Cordillères : mais ces tableaux comparatifs, utiles sous le rapport des sciences, ne font guères connoître ce qui caractérise la nature dans la zone tempérée et la zone torride. Au bord d'un lac, dans une vaste forêt, au pied de ces sommets couverts de glaces éternelles, ce n'est point la grandeur physique des objets qui nous pénètre d'une secrète admiration. Ce qui parle à notre ame, ce qui nous cause des émotions si profondes et si variées, échappe à nos mesures, comme aux formes du langage. Lorsqu'on sent vivement les beautés de la nature, on craindroit d'affoiblir ses jouissances, en comparant des sites d'un caractère différent.

Mais ce ne sont pas seulement les beautés pittoresques qui ont rendu célèbres dans le pays les rivages du lac de Valencia ; ce bassin offre aussi plusieurs phénomènes, dont l'explication intéresse à-la-fois la physique générale et le bien-être des habitans. Quelles sont les causes de la diminution des eaux du lac? Cette diminution est-elle aujourd'hui plus rapide qu'elle ne l'a été il y a des siècles? Peut-on supposer que l'équilibre entre les affluens et les pertes va se rétablir bientôt, ou doit-on craindre que le lac disparoisse entièrement ?

D'après les observations astronomiques [1] faites à la Victoria, Hacienda de Cura, Nueva Valencia, et Guigue, la longueur du lac est, dans son état actuel, de Cagua à Guayos, de 10 lieues ou de 28800 toises. Sa largeur est très-inégale. A en juger d'après les latitudes de l'embouchure du Rio Cura et du village de Guigue, elle ne dépasse nulle part 2,3 lieues ou 6500 toises; le plus souvent elle n'a que 4 à 5 milles. Les dimensions qui résultent de mes observations sont beaucoup plus petites que celles qui ont été adoptées jusqu'ici par les indigènes [2]. On pourroit croire que, pour se former une idée exacte de la diminution progressive des eaux, il suffiroit de comparer l'étendue actuelle du lac à celle que lui attribuent les anciens chroniqueurs, par exemple Oviedo,

---

[1] On a eu égard aux distances itinéraires de la Victoria à Cagua, comme à celles de Guacara à Mocundo et à Los Guayos. Des angles ont été pris à l'île de Cura, à Cabo-Blanco et à Mocundo.

[2] *Depons, Voyage à la Terre-Ferme*, t. 1, p. 138.

dans son *Histoire de la province de Venezuela*, publiée vers l'année 1723. Cet écrivain, dans son style emphatique, donne « à cette mer intérieure, à ce *monstruoso cuerpo de la laguna de Valencia*, » 14 lieues de long sur 6 de large; il raconte qu'à peu de distance du rivage, la sonde ne trouve plus de fond, et que de grandes îles flottantes couvrent la surface des eaux qui sont constamment agitées par les vents[1]. On ne peut donner de l'importance à des évaluations qui, sans être fondées sur aucune mesure, sont exprimées en lieues, *leguas*, que dans les colonies on compte à 3000, à 5000 et à 6650 *varas*[2].

---

[1] *Oviedo*, p. 125.

[2] Comme les marins ont été les premiers et long-temps les seuls qui eussent répandu dans les colonies espagnoles quelques idées précises sur la position astronomique et les distances des lieux, c'est la *legua nautica* de 6650 *varas*, ou 2854 toises (20 lieues au degré) qu'on a primitivement introduite au Mexique et dans l'Amérique méridionale; mais cette *legua nautica* s'est trouvée peu-à-peu réduite à la moitié ou au tiers, à cause de la lenteur avec laquelle on voyage, soit dans des montagnes escarpées, soit dans des plaines arides et brûlantes. Le peuple ne mesure immédiatement que le temps, et déduit de ce temps, par des hypothèses arbitraires, l'étendue de l'espace parcouru.

Ce qui mérite de fixer notre attention dans l'ouvrage d'un homme qui doit avoir parcouru tant de fois les vallées d'Aragua, c'est l'assertion que la ville de *Nueva Valencia de el Rey* fut construite, en 1555, à une demi-lieue de distance du lac [1], et que le rapport entre la longueur de ce lac et sa largeur est comme 7 : 3. Aujourd'hui la ville de Valencia est séparée du rivage par un terrain uni de plus de 2700 toises, qu'Oviedo auroit sans doute évalué à une étendue d'une lieue et demie, et la longueur du bassin du lac est à sa largeur, dans le rapport de 10 : 2,3 ou de 7 : 1,6. L'aspect du sol entre Valencia et Guigue, les monticules qui s'élèvent brusquement dans la plaine à l'est du Caño de Cambury, et dont quelques-uns (el Islote, et la Isla de la Negra ou Caratapona) ont conservé jusqu'au nom d'*îles*, prouvent suffisamment que, depuis Oviedo, les eaux se sont considérablement

---

Dans le cours de mes recherches géographiques, j'ai eu fréquemment occasion d'examiner la véritable valeur des *lieues*, en comparant, entre des points placés sur un même méridien, les distances itinéraires avec la différence des latitudes.

1 *Oviedo*, p. 140.

retirées. Quant au changement de la figure générale du lac, il me paroît peu probable qu'au dix-septième siècle, sa largeur ait presque été la moitié de sa longueur. La position des montagnes granitiques de Mariara et de Guigue, et la pente du terrain, qui s'élève plus rapidement vers le nord et le sud que vers l'est et vers l'ouest, sont également contraires à cette supposition.

En traitant le problême si rebattu de la diminution des eaux, il faut distinguer, je pense, entre les diverses époques auxquelles les abaissemens du niveau ont eu lieu. Partout où l'on examine les vallées des rivières ou les bassins des lacs, on voit à de grandes distances l'ancien rivage. Personne ne semble révoquer en doute aujourd'hui que nos rivières et nos lacs n'aient subi d'énormes diminutions; mais nombre de faits géologiques nous rappellent aussi que ces grands changemens dans la distribution des eaux ont précédé tous les temps historiques, et que, depuis plusieurs milliers d'années, la plupart des lacs sont parvenus à un équilibre stable entre le produit des affluens et celui de l'évaporation et de la filtration. Chaque fois que l'on trouve cet équilibre rompu, il est plus prudent d'examiner si la rupture n'est pas due à des causes purement locales, et ne date pas d'une époque très-récente, que d'admettre une diminution d'eau non interrompue. Ce raisonnement est conforme à la marche plus circonspecte des sciences modernes. Dans un temps où la physique du monde, tracée par le génie de quelques écrivains éloquens, empruntoit tout son charme aux fictions de l'imagination, on auroit trouvé, dans le phénomène qui nous occupe, une preuve nouvelle du contraste que l'on aimoit à établir entre les deux continens. Pour démontrer que l'Amérique est sortie du sein des eaux plus tard que l'Asie et l'Europe, on auroit cité le lac de Tacarigua comme un de ces bassins intérieurs qui n'ont pas eu le temps de se dessécher, par l'effet d'une évaporation lente et progressive. Je ne doute pas que, très-anciennement, toute la vallée, depuis le pied des montagnes de la Cocuysa jusqu'à celles du Torito et de Nirgua, depuis la Sierra de Mariara jusqu'à la chaîne de Guigue, du Guacimo et de la Palma, n'ait été remplie d'eau.

Par-tout la forme des promontoires et leur escarpement rapide semblent indiquer le rivage d'un lac alpin semblable à ceux de la Styrie et du Tyrol. Ces mêmes petits Hélicites, ces mêmes Valvées que nourrit aujourd'hui le lac de Valencia, se trouvent en couches de 3 à 4 pieds d'épaisseur dans l'intérieur des terres jusqu'à Turmero, et la *Concesion* près de la Victoria. Ces faits prouvent sans doute une retraite des eaux; mais rien n'annonce que, depuis cette époque reculée, la retraite ait continué jusqu'à nos jours. Les vallées d'Aragua sont une des parties du Venezuela les plus anciennement peuplées, et cependant ni Oviedo ni aucun chroniqueur ancien ne parlent d'une diminution sensible du lac. Doit-on simplement supposer que ce phénomène ait échappé à leur attention, à une époque où la population indienne excédoit encore de beaucoup celle des blancs, et où les bords du lac étoient moins habités? Depuis un demi-siècle, et sur-tout depuis trente ans, le desséchement naturel de ce grand bassin a frappé tous les esprits. On trouve à sec et déja cultivés en bananiers, en cannes à sucre ou en coton, de vastes terrains autrefois inondés. Par-tout où l'on construit une cabane au bord du lac, on voit fuir, pour ainsi dire, le rivage d'année en année. On découvre des îles qui, par la retraite des eaux, commencent à peine à se lier au continent (comme l'île rocheuse de la Culebra, du côté de Guigue); d'autres îles forment déja des promontoires (comme le Morro, entre Guigue et Nueva Valencia, et la Cabrera, au sud-est de Mariara); d'autres encore s'élèvent dans l'intérieur des terres, semblables à des monticules épars. Parmi ces dernières, si faciles à reconnoître de loin, les unes sont placées à $\frac{1}{4}$ de mille, les autres à une lieue de distance du rivage actuel. Je citerai, comme les plus remarquables, trois îlots granitiques élevés de 30 à 40 toises, dans le chemin de l'Hacienda de Cura à Aguas calientes, et à l'extrémité occidentale du lac, le Serrito de Don Pedro, l'Islote et Caratapona. En visitant deux îles [1], qui sont entièrement entourées d'eaux, nous

[1] Isla de Cura et Cabo-Blanco. Le promontoire de Cabrera est réuni au rivage, depuis les années 1750 ou 1760, par un vallon qui porte le nom de Portachuelo.

avons trouvé, au milieu des broussailles, sur de petits plateaux de 4, de 6, et même de 8 toises de hauteur au-dessus du niveau actuel du lac, du sable fin mêlé d'Hélicites, anciennement déposé par les ondes. On reconnoît dans chacune de ces îles les traces les plus certaines de l'abaissement progressif des eaux. Il y a plus encore, et cet accident est regardé par les habitans comme un phénomène merveilleux : en 1796, trois nouvelles îles ont paru à l'est de l'île Caiguire, dans une même direction avec les îles Burro, Otama et Zorro. Ces nouvelles îles, que le peuple appelle *los nuevos Peñones* ou *las Aparecidas*, forment des espèces de hauts-fonds à surface entièrement plane. Elles s'élevoient déja, en 1800, de plus d'un pied au-dessus des eaux moyennes.

Nous avons rappelé, au commencement de ce chapitre, que le lac de Valencia, comme les lacs de la vallée de Mexico [1], forme le centre d'un petit système de rivières dont aucune n'a de communication avec l'Océan. Ces rivières ne méritent

[1] Avant l'ouverture creusée par les Espagnols près de Huehuetoque, et connue sous le nom du *Desague Real*.

pour la plupart que le nom de torrens ou de ruisseaux[1] ; elles sont au nombre de douze à quatorze. Les habitans, peu instruits sur les effets de l'évaporation, ont imaginé, depuis long-temps, que le lac a une issue souterraine par laquelle il sort une quantité d'eau égale à celle qui y entre par les rivières. Les uns font communiquer cette issue avec des grottes qu'ils placent à de grandes profondeurs ; d'autres admettent que l'eau tombe par un canal oblique dans le bassin de l'Océan. Ces hypothèses hardies sur des communications entre deux bassins voisins, se sont offertes, sous toutes les zones, à l'imagination du peuple, comme à celle des physiciens ; car ces derniers, sans en convenir, répètent quelquefois en langage scientifique les opinions populaires. On entend parler de gouffres et d'issues souterraines dans le Nouveau-Monde, comme sur les bords de la mer Caspienne, quoique le lac de Tacarigua soit de 222 toises

---

[1] Voici leurs noms : Rios de Aragua, Turmero, Maracay, Tapatapa, Aguas calientes, Mariara, Cura, Guacara, Guataparo, Valencia, Caño grande de Cambury, etc.

plus haut, et la Caspienne de 54 toises plus basse que l'Océan, et quoiqu'on sache que les fluides se placent au même niveau, dès qu'ils communiquent par un conduit latéral.

D'un côté, les changemens que la destruction des forêts, le défrichement des plaines et la culture de l'indigo ont produits depuis un demi-siècle, dans la masse des affluens; de l'autre, l'évaporation du sol et la sécheresse de l'atmosphère offrent des causes assez puissantes pour rendre raison de la diminution successive du lac de Valencia. Je ne pense pas, comme un voyageur qui a parcouru ces contrées après moi [1], que, «pour le soulagement de l'esprit et l'honneur de la physique,» il faille admettre une issue souterraine. En abattant les arbres qui couvrent la cime et le flanc des montagnes,

---

[1] M. Depons (*Voyage à la Terre-Ferme*, Tom. I, p. 139) ajoute : « La petite étendue de la surface du lac (elle est cependant de 106,500,000 toises carrées) rend impossible la supposition que la seule évaporation, quelque grande qu'elle soit entre les tropiques, puisse consommer autant d'eau que les rivières en fournissent. » Dans la suite, l'auteur paroît lui-même abandonner « cette cause occulte, l'hypothèse d'un soupirail. »

les hommes, sous tous les climats, préparent aux générations futures deux calamités à la fois, un manque de combustible et une disette d'eau. Les arbres, par la nature de leur transpiration et le rayonnement de leurs feuilles vers un ciel sans nuages, s'enveloppent d'une atmosphère constamment fraîche et brumeuse : ils agissent sur l'abondance des sources, non comme on l'a cru si long-temps, par une attraction particulière pour les vapeurs qui sont répandues dans l'air, mais parce qu'en abritant le sol contre l'action directe du soleil, ils diminuent l'évaporation des eaux pluviales. Lorsqu'on détruit les forêts comme les colons européens le font par-tout en Amérique avec une imprudente précipitation, les sources tarissent entièrement ou deviennent moins abondantes. Les lits des rivières, restant à sec pendant une partie de l'année, se convertissent en torrens chaque fois que de grandes averses tombent sur les hauteurs. Comme avec les broussailles, on voit disparoître le gazon et la mousse sur la croupe des montagnes, les eaux pluviales ne sont plus retenues dans leurs cours : au lieu d'augmenter lentement le niveau des rivières par des filtrations progressives, elles sillonnent, à l'époque des grandes ondées, le flanc des collines, entraînent les terres éboulées, et forment ces crues subites qui dévastent les campagnes. Il résulte de là que la destruction des forêts, le manque de sources permanentes et l'existence des torrens, sont trois phénomènes étroitement liés entre eux. Des pays qui se trouvent situés dans des hémisphères opposés, la Lombardie, bordée par la chaîne des Alpes, et le Bas-Pérou, resserré entre l'Océan-Pacifique et la Cordillère des Andes, offrent des preuves frappantes de la justesse de cette assertion [1].

Jusqu'à la moitié du dernier siècle, les montagnes qui environnent les vallées d'Aragua étoient couvertes de forêts. De grands arbres de la famille des Mimoses, des Ceiba et des figuiers ombrageoient les bords du lac et y répandoient la fraîcheur. La plaine, peu habitée alors, étoit remplie de broussailles, jonchée de troncs d'arbres épars

[1] Voyez mon *Essai politique sur la Nouvelle-Espagne*, Vol. I, p. 208, et les *Recherches de M. de Prony sur les crues du Pô*.

CHAPITRE XVI. 175

et de plantes parasites, enveloppée d'une bourre épaisse, moins susceptible d'émettre le calorique rayonnant que le sol cultivé, et pour cela même non abrité contre les ardeurs du soleil. Avec la destruction des arbres, avec l'accroissement de la culture de sucre, de l'indigo et du coton, les sources, et tous les affluens naturels du lac de Valencia ont diminué d'année en année. Il est difficile de se former une juste idée du produit énorme de l'évaporation qui a lieu sous la zone torride, dans une vallée entourée de montagnes à pentes abruptes, dans laquelle la brise et des courans descendans se font sentir vers le soir, et dont le fond est uni et comme nivelé par les eaux. Nous avons déja rappelé ailleurs que la chaleur qui règne toute l'année à Cura, à Guacara, à Nueva Valencia et sur les bords du lac, est celle que l'on sent, au fort de l'été, à Naples et en Sicile. La température moyenne annuelle de l'air des vallées d'Aragua est à-peu-près [1] de 25°,5 : les observations hygrométriques me donnent, pour le mois de février, en prenant la moyenne du jour et

[1] De 20°, 4 Réaumur. Il résulte des observations

de la nuit, 71°,4 de l'hygromètre à cheveu[1].
Comme les mots grande sécheresse ou grande
humidité n'offrent pas de sens absolu, et
qu'un air, qu'on appelle très-sec dans les
basses régions des tropiques, seroit regardé
en Europe comme un air humide, on
ne peut juger de ces rapports de climats
qu'en comparant des endroits placés sous
la même zone. Or, à Cumana où quelquefois il ne pleut pas pendant une année
entière, et où j'ai pu réunir un grand nombre
d'observations hygrométriques faites à différentes heures du jour et de la nuit, l'humidité moyenne de l'air est de 86° correspondans à la température moyenne de 27°,7.
En tenant compte des mois pluvieux, c'est-
à-dire en évaluant la différence que l'on
observe dans d'autres endroits de l'Amérique
équinoxiale, entre l'humidité moyenne des
mois secs et celle de l'année entière, on
obtient, pour l'humidité moyenne annuelle

du mois de février 19°,5 R.; et, à Cumana, ce mois
est de 0,7 R. au-dessous de la température moyenne
de l'année.

[1] Ces 71°,4 d'humidité apparente correspondoient
à la température moyenne de 24°,3.

des vallées d'Aragua, au plus 74°, la température étant 25°,5. Dans cet air si chaud, et pourtant si peu humide, la quantité d'eau évaporée est énorme. La théorie de Dalton évalue, sous les conditions indiquées, l'épaisseur d'une lame d'eau évaporée en une heure de temps à $0^{mill.},36$ ou à $3^{li.},8$ par 24 heures [1]. En supposant pour la zone tempérée, par exemple pour Paris, la température moyenne de 10°,6 et l'humidité moyenne de 82°, on trouve, d'après les mêmes formules, $0^{mill.},10$ par heure, et 1 ligne par 24 heures. Si l'on préfère de substituer à l'incertitude de ces calculs théoriques les résultats directs de l'observation, on se rappellera qu'à Paris et à Montmorency, l'évaporation moyenne annuelle a été trouvée, par Sedileau et Cotte, de $32^{po.},1^{li.}$ et $38^{po.}4^{li.}$. Dans la France méridionale, deux ingénieurs habiles, MM. Clausade et Pin, ont reconnu qu'en défalquant l'effet des filtrations, les eaux du canal de Languedoc et le bassin de Saint-Ferréol perdent, par an, $0^m,758$ à $0^m,812$ ou 336 à 360 lignes. M.

---

[1] Comparez plus haut, à la fin du premier Livre, Tom. II, p. 109.

de Prony a trouvé des effets à-peu-près semblables dans les Marais-Pontins. Toutes ces expériences, faites par les 41° et 49° de latitude, et 10°,5 et 16° de température moyenne, indiquent une évaporation moyenne de 1 à 1,3 ligne par jour. Sous la zone torride, par exemple aux Antilles, l'effet de l'évaporation est trois fois plus grand d'après Le Gaux, double d'après Cassan. A Cumana, dans un lieu où l'atmosphère est cependant beaucoup plus chargée d'humidité que dans les vallées d'Aragua, j'ai vu souvent évaporer, pendant 12 heures, au soleil, $8^{mill.},8$; à l'ombre, $3^{mill.},4$ d'eau, et je pense que le produit annuel de l'évaporation dans les rivières voisines de Cumana n'est pas au-dessous de 130 pouces. Les expériences de ce genre sont extrêmement délicates ; mais ce que je viens de rapporter suffit pour démontrer combien doit être grande la quantité de vapeur qui s'élève et du lac de Valencia et du pays environnant dont les eaux coulent dans le lac. J'aurai occasion de revenir ailleurs sur cet objet : car, dans un ouvrage qui expose les grandes lois de la nature sous les différentes zones, il faut tenter de résoudre le problème de la *tension moyenne des vapeurs* contenues dans l'atmosphère, sous différentes latitudes et à différentes hauteurs au-dessus de la surface de l'Océan.

Un très-grand nombre de circonstances locales font varier les produits de l'évaporation; ils changent avec le plus ou moins d'ombrage qui couvre les bassins des eaux, avec leur état de mouvement et de repos, avec leur profondeur, la nature et la couleur de leur fond : mais, en général, l'évaporation ne dépend que de trois élémens, la température, la tension des vapeurs que renferme l'atmosphère, et la résistance que l'air, plus ou moins dense, plus ou moins agité, oppose à la diffusion des vapeurs. La quantité d'eau qui s'évapore dans un lieu donné, tout étant égal d'ailleurs, est proportionnelle à la différence entre la quantité de vapeurs que l'air ambiant peut contenir à l'état de saturation, et la quantité de vapeurs qu'il renferme réellement. Il en résulte que l'évaporation (comme l'a déja observé M. d'Aubuisson, en soumettant au calcul mes observations hygrométriques) n'est pas aussi grande sous la zone torride qu'on pourroit le croire d'après l'augmentation énorme de la température, parce que, dans ces climats ardens, l'air est habituellement très-humide.

Depuis l'accroissement qu'a pris l'industrie agricole dans les vallées d'Aragua, les petites rivières qui se jettent dans le lac de Valencia ne peuvent plus être regardées comme des affluens pendant les six mois qui succèdent au mois de décembre. Elles restent à sec dans la partie inférieure de leurs cours, parce que les planteurs d'indigo, de cannes à sucre et de cafier ont fait de fréquentes saignées (*azequias*) pour arroser les terres par des rigoles. Il y a plus encore ; une rivière assez considérable, le Rio Pao, qui naît à l'entrée des *Llanos*, au pied de cette rangée de collines que l'on appelle *la Galera*, mêloit jadis ses eaux à celles du lac en se réunissant au *Caño de Cambury*, dans le chemin de la ville de Nueva Valencia à Guigue. Le cours de la rivière étoit alors du sud au nord. A la fin du dix-septième siècle, le propriétaire d'une plantation voisine s'avisa de creuser sur le

revers d'un coteau un nouveau lit au Rio-
Pao. Il détourna la rivière; et, après avoir
employé une partie des eaux pour l'irrigation de son champ, il fit couler le reste,
comme au hasard, vers le sud, en suivant
la pente des Llanos. Dans cette nouvelle
direction méridionale, le Rio Pao réuni à
trois autres rivières, le Tinaco, le Guana-
rito et le Chilua, se jette dans la Portuguesa, qui est une branche de l'Apure. C'est
un phénomène assez remarquable que de
voir, par la disposition particulière du terrain et l'abaissement de l'*arête de partage*
vers le sud-ouest, le Rio Pao se séparer du
petit *systéme de rivières intérieures* auquel
il appartenoit primitivement, et communiquer, depuis un siècle, par l'Apure et l'O-
rénoque, avec l'Océan. Ce qui s'est opéré
ici en petit par la main de l'homme, la
nature le fait souvent elle-même, soit par
des attérissemens progressifs, soit par ces
éboulemens que causent de violens tremblemens de terre. Il est probable que, dans
le cours des siècles, quelques fleuves du
Soudan et de la Nouvelle-Hollande, qui se
perdent aujourd'hui dans des sables ou

dans des bassins intérieurs, se fraieront un chemin vers les côtes de l'Océan. Du moins ne sauroit-on révoquer en doute que, dans les deux continens, il y a des systèmes de rivières intérieures qu'on peut regarder comme *non entièrement développés* [1], et qui communiquent entre eux, soit dans le temps des grandes crues, soit par des bifurcations permanentes.

Le Rio Pao s'est creusé un lit si profond et si large que, dans la saison des pluies, lorsque le *Caño grande de Cambury* inonde tout le terrain au nord-ouest de Guigue, les eaux de ce *Caño* et celles du lac de Valencia refluent dans le Rio Pao même; de sorte que cette rivière, au lieu de donner de l'eau au lac, tend plutôt à lui en soustraire. Nous voyons quelque chose de semblable dans l'Amérique septentrionale, là où les géographes se plaisent à figurer sur leurs cartes une chaîne imaginaire de montagnes entre les grands lacs du Canada et le pays de Miamis. A l'époque des grandes eaux, les affluens des lacs communiquent avec les affluens du Mississipi, et l'on peut

[1] *Carl Ritter, Erdkunde*, Tom. I, p. 315.

aller en canot des sources de la rivière de Sainte-Marie au Wabash, comme du Chicago à l'Illinois [1]. Ces faits analogues me paroissent très-dignes de l'attention des hydrographes.

Comme les terrains qui environnent le lac de Valencia sont entièrement plats et unis, il arrive ici, ce que j'ai journellement observé dans les lacs du Mexique, que la diminution de quelques pouces dans le niveau des eaux met à sec une vaste étendue du sol, couvert de limon fertile et de débris organiques. A mesure que le lac se retire, les colons avancent vers le nouveau rivage. Ces desséchemens naturels, si importans pour l'agriculture coloniale, ont été surtout très-considérables dans les derniers dix ans où l'Amérique entière a souffert de grandes sécheresses. Au lieu de marquer les sinuosités des bords actuels du lac, j'ai conseillé aux riches propriétaires de ces contrées de placer dans le bassin même des colonnes de granite pour pouvoir observer, d'année en année, la hauteur moyenne des eaux. Le marquis del Toro s'est

[1] *Drake, Picture of Cincinnati*, 1815, p. 222.

chargé d'exécuter ce projet, en employant le beau granite de la Sierra de Mariara, et en établissant des *limnomètres* sur un fond de rocher de gneiss, si fréquent dans le lac de Valencia.

Il est impossible d'assigner d'avance les limites plus ou moins étroites entre lesquelles un jour ce bassin des eaux se trouvera rétréci, lorsque l'équilibre entre le produit des affluens et le produit de l'évaporation et des filtrations sera entièrement rétabli. L'idée très-répandue, que le lac va disparoître entièrement, me paroît chimérique. Si, à la suite de grands tremblemens de terre ou par d'autres causes également mystérieuses, dix années très-humides succédoient à de longues sécheresses; si les montagnes se couvroient de nouveau de forêts, et que de grands arbres ombrageassent le rivage et les plaines d'Aragua, on verroit plutôt le volume des eaux s'accroître et menacer ces belles cultures qui resserrent aujourd'hui le bassin du lac.

Tandis que les cultivateurs des vallées d'Aragua craignent, les uns la disparition totale du lac, les autres son retour vers les bords délaissés, on entend agiter gravement la question à Caracas, si, pour donner plus d'étendue à l'agriculture, il ne seroit pas prudent de conduire les eaux du lac dans les Llanos, en creusant un canal de dérivation vers le Rio Pao. On ne sauroit nier la possibilité [1] de cette entreprise, surtout en supposant l'emploi de galeries ou

---

[1] L'*arête de partage*, c'est-à-dire celle qui divise les eaux entre les vallées d'Aragua et les Llanos, s'abaisse tellement vers l'ouest de Guigue, comme nous l'avons déja observé plus haut, qu'il y a des ravines qui conduisent les eaux du Caño de Cambury, du Rio Valencia et du Guataparo, dans les temps des grandes crues, au Rio Pao; mais il seroit plus facile d'ouvrir un canal de navigation du lac de Valencia à l'Orénoque, par le Pao, la Portuguesa et l'Apure, que de creuser un canal de desséchement *au niveau du fond du lac*. Ce fond est élevé, d'après la sonde et mes mesures barométriques, de 222 moins 40 ou 182 toises au-dessus de la surface de l'Océan. Dans le chemin de Guigue aux Llanos, par le plateau de la Villa de Cura, je n'ai trouvé, au sud de l'*arête de partage* et sur son revers méridional, le point de niveau correspondant aux 182 toises, que près de San-Juan. La hauteur absolue de ce village est de 194 toises. Mais, je le répète, plus à l'ouest dans le terrain qui est compris entre le Caño de Cambury et les sources du Rio Pao et que je n'ai pu parcourir, le point de niveau du fond du lac est beaucoup plus septentrional.

canaux souterrains. C'est à la retraite progressive des eaux qu'on doit les belles et riches campagnes de Maracay, de Cura, de Mocundo, de Guigue et de Santa-Cruz del Escoval, plantées en tabac, en canne à sucre, en cafier, en indigo et en cacaoyer; mais comment douter un instant que c'est le lac seul qui répand la fertilité dans ces contrées? Sans cette masse énorme de vapeurs que la surface des eaux verse journellement dans l'atmosphère, les vallées d'Aragua seroient sèches et arides comme les montagnes qui les entourent.

La profondeur moyenne du lac est de 12 à 15 brasses. Les endroits les plus profonds n'ont pas, comme on l'admet communément, 80, mais 35 à 40 brasses. C'est le résultat des sondes jetées avec le plus grand soin par Don Antonio Manzano. Lorsqu'on réfléchit sur la grande profondeur de tous les lacs de la Suisse, qui, malgré leur position dans de hautes vallées, atteignent presque le niveau de la Méditerranée, on est surpris de ne pas trouver de plus grandes cavités dans le fond du lac de Valencia, qui est aussi un lac alpin. Les endroits les plus profonds sont entre l'île rocheuse du Burro et la pointe de Caña fistula, comme vis-à-vis des hautes montagnes de Mariara; mais en général, la partie méridionale du lac a plus de profondeur que la partie septentrionale. N'oublions pas que, si actuellement tous les rivages sont bas, la partie méridionale du bassin est encore la plus rapprochée d'une chaîne de montagnes à pente abrupte. Or, nous savons que même la mer est généralement plus profonde là où les côtes sont élevées, rocheuses, et taillées à pic.

La température du lac à sa surface étoit, pendant mon séjour dans les vallées d'Aragua, au mois de février, constamment de 23° à 23°,7. Elle étoit par conséquent un peu [1] au-dessous de la température moyenne de l'air, soit par l'effet de l'évaporation [2] qui enlève du calorique à l'eau et à l'air, soit parce qu'une grande masse d'eau ne

[1] De 0°,6 à 1°,3.
[2] Nous verrons plus bas que, dans les observations faites, à Cumana, sur le produit de l'évaporation, la température de l'eau des vases exposés au soleil pendant 7 ou 8 heures est constamment restée, à la fin de l'expérience, 1° à 1°,8 au-dessous de la température de l'air observée à l'ombre.

suit pas avec une égale rapidité les variations de chaleur de l'atmosphère, et que le lac reçoit des ruisseaux qui naissent de plusieurs sources froides sur les montagnes voisines. Malgré sa petite profondeur, j'ai à regretter de n'avoir pas pu examiner la température de l'eau à 30 ou 40 brasses. Je n'étois point muni de la sonde thermométrique [1] dont je m'étois servi dans les lacs alpins du pays de Salzbourg et dans la mer des Antilles. Les expériences de Saussure prouvent que, des deux côtés des Alpes, des lacs placés de 190 à 274 toises [2] de hauteur absolue ont, au fort de l'été, à 900, à 600, quelquefois même à 150 pieds de profondeur, une température uniforme de

---

[1] *Voyez* plus haut, Tom. I, p. 113. J'ai fait l'observation suivante, le 16 avril 1798, à 4 heures après midi, sur le lac de Saint-Bartholomé, dans les Alpes de Berchtesgaden, derrière le Falkenstein. Air, au rivage, *Therm.* $17°,7$ cent.; *Hygrom.* à cheveu $56°$. Air au centre du lac, *Th.* $16°$, *Hyg.* $68°$. Eau du lac à deux pieds de profondeur, *Th.* $7°,7$; à 42 pieds de profondeur, *Th.* $6°,2$; à 60 pieds de profondeur, *Th.* $5°,0$, et, dans un autre endroit, à 84 pieds de profondeur, *Th.* $5°,6$.

[2] C'est la différence de hauteur absolue des lacs de Genève et de Thun.

40°,3 ou 6° centésimaux; mais ces expériences n'ont point encore été répétées dans les lacs situés sous la zone torride. En Suisse, les couches d'eau froide sont d'une épaisseur énorme. Dans les lacs de Genève et de Bienne, on les a trouvées si près de la surface, que le décroissement dans l'eau étoit d'un degré du thermomètre centésimal, par 10 ou 15 pieds de profondeur, c'est-à-dire 8 fois plus rapide que dans l'Océan, et 48 fois plus rapide que dans l'atmosphère [1]. Sous la zone tempérée, où la chaleur de l'atmosphère s'abaisse jusqu'au point de la congélation et beaucoup au-dessous, le fond d'un lac, ne fût-il pas entouré de glaciers ou de montagnes couvertes de neiges éternelles, doit renfermer des molécules d'eau qui, pendant l'hiver, ont acquis à la surface le maximum de leur densité entre 3°,4 et 4°,4), et sont tombées par conséquent à la plus grande profondeur. D'autres molécules, dont la température est + 0°,5, loin de se placer au-dessous de la couche de 4°, ne peuvent trouver

[1] *Voyez* Tom. II, p. 73, et Arago dans les *Ann. de Phys.*, T. V, p. 403.

l'équilibre hydrostatique qu'au-dessus de cette couche. Elles ne descendront davantage que lorsque leur température aura augmenté de 3° à 4° par le contact des couches moins froides. Si l'eau, en se refroidissant, continuoit à se condenser uniformément jusqu'à *zéro*, on trouveroit, dans les lacs très-profonds et les bassins d'eau qui ne communiquent pas entre eux, *quelle que soit la latitude* du lieu, une couche d'eau dont la température seroit presque égale au maximum de refroidissement au-dessus du point de la congélation qu'éprouvent annuellement les basses régions de l'atmosphère ambiante. D'après cette considération, il est probable que, dans les plaines de la zone torride ou dans des vallées peu élevées, dont la chaleur moyenne est de 25°,5 à 27°, le fond des lacs ne peut jamais être au-dessous de 21° à 22°. Si, sous cette même zone, l'Océan renferme, à des profondeurs de sept ou huit cents brasses, des eaux dont la température est à 7°, c'est-à-dire 12° à 13° plus froide que le minimum de la chaleur [1] de l'air équinoxial *surmarin*, il faut,

[1] Il est presque superflu de faire observer que je ne

CHAPITRE XVI. 191

je pense, regarder ce phénomène comme une preuve directe d'un courant sousmarin qui porte les eaux du pôle vers l'équateur. Nous ne résoudrons pas ici le problème délicat, comment, sous les tropiques et sous la zone tempérée, par exemple dans la mer des Antilles et les lacs de Suisse, ces couches inférieures d'eau refroidies jusqu'à 4° ou 7° agissent sur la température des couches pierreuses du globe qu'elles recouvrent, et comment ces mêmes couches dont la température primitive est, sous les tropiques de 27°, au lac de Genève de 10°, réagissent sur les eaux à demi-glacées du fond des lacs et de l'Océan équinoxial? Ces questions sont de la plus haute importance, et pour l'économie des animaux qui vivent habituellement au fond des eaux douces et salées, et pour la théorie de la distribution de la chaleur dans des terres entourées de mers vastes et profondes.

considère ici que la partie de l'atmosphère qui repose sur l'Océan entre 10° de latitude nord et 10° de latitude sud. Vers les limites boréales de la zone torride, par les 23° de latitude, où les vents du nord amènent l'air froid du Canada avec une rapidité étonnante, le thermomètre baisse sur mer à 16° et même au-dessous.

Le lac de Valencia est rempli d'îles qui embellissent le paysage par la forme pittoresque de leurs rochers, et par l'aspect de la végétation qui les couvre. C'est un avantage qu'a ce lac des tropiques sur ceux des Alpes. Les îles, en ne comptant plus le Morro et la Cabrera déja réunis au rivage, sont au nombre de 15, réparties en trois groupes[1]. Elles sont en partie cultivées et très-fertiles, à cause des vapeurs qui s'élèvent du lac. La plus grande, le Burro, qui a deux milles de long, est même habitée par quelques familles de métis qui nourrissent des chèvres. Ces hommes simples visitent rarement le rivage de Mocundo. Le lac leur paroît d'une étendue immense; ils ont des bananes, du manioc, du lait et un peu de poisson. Une cabane construite en roseaux, quelques hamacs tissés du coton que produisent les

---

[1] Voici la disposition de ces îles : au nord, près du rivage, *Isla de Cura*; au sud-est, *Burro, Horno, Otama, Sorro, Caiguire, Nuevos Peñones* ou les nouvelles *Aparecidas*; au nord-ouest, *Cabo-Blanco* ou *Isla de Aves* et *Chamberg*; au sud-ouest, *Brucha* et *Culebra*. Au centre du lac s'élèvent, comme des écueils ou petits rochers isolés, *Vagre, Fraile, Peñasco* et *Pan de Azucar*.

champs voisins, une large pierre sur laquelle on fait le feu, le fruit ligneux du Tutuma pour puiser de l'eau, voilà tout leur ménage. Le vieux métis qui nous offroit du lait de ses chèvres, avoit une fille d'une figure charmante. Nous apprîmes par notre guide que l'isolement l'avoit rendu aussi méfiant que l'auroit fait peut-être la société des hommes. La veille de notre arrivée, quelques chasseurs avoient visité l'île. La nuit les surprit; ils aimèrent mieux coucher à la belle étoile, que de retourner à Mocundo. Cette nouvelle répandit l'alarme dans l'île. Le père força la jeune fille à grimper sur un Zamang ou Acacia très-élevé qui croît dans la plaine, à quelque distance de la cabane. Il se coucha au pied de l'arbre, et ne fit descendre sa fille qu'après le départ des chasseurs. Les voyageurs n'ont pas toujours trouvé cette prévoyance timorée, cette grande austérité de mœurs parmi les insulaires.

Le lac est, en général, très-poissonneux: il ne nourrit que trois espèces de poisson, d'une chair molle et peu agréable au goût, la *Guavina*, le *Vagre* et la *Sardina*. Les deux dernières descendent dans le lac par les ruisseaux qui s'y jettent. La Guavina que j'ai dessinée sur les lieux, a 20 pouces de long sur 3,5 de large. C'est peut-être une nouvelle espèce du genre des Erythrina de Gronovius. Elle a de grandes écailles argentées, bordées de vert. Ce poisson est extrêmement vorace, il détruit les autres espèces. Les pêcheurs nous ont assuré qu'un petit crocodile, le *Bava*[1], qui s'est souvent approché de nous, lorsque nous nous baignions, contribue aussi à la destruction du poisson. Nous n'avons jamais réussi à nous procurer ce reptile pour l'examiner de près. Il n'atteint généralement que 3 à 4 pieds. On le dit très-innocent; cependant ses habitudes, comme sa forme, ressemblent beaucoup à celles du Cayman ou Crocodilus acutus. Il nage de manière à ne laisser voir que la pointe du museau et l'extrémité de la queue; il se place, au milieu du jour, sur les plages arides. Ce n'est certainement ni un Monitor

[1] Le *Bava* ou *Bavilla* est très-commun à Bordones, près de Cumana. *Voyez* plus haut, Tom. II, p. 61 et 266. Le nom de *Bava* (*Baveuse*) a singulièrement induit en erreur M. Depons. Il croit que ce reptile est un poisson de nos mers, le *Blennius pholis*. (Voyage à la Terre-Ferme, Tom. I, p. 142.)

(les vrais Monitors n'étant que de l'ancien continent), ni la *Sauvegarde* de Seba (Lacerta Teguixin) qui plonge et ne nage point [1]. D'autres voyageurs décideront cette question; nous nous contenterons d'ajouter ici qu'il est assez remarquable que le lac de Valencia et tout le système des petites rivières qui en forment les affluens, n'ont point de grands Caymans, quoique cet animal dangereux abonde à peu de lieues de là dans les eaux qui débouchent, soit dans l'Apure et l'Orénoque, soit immédiatement dans la mer des Antilles, entre Porto-Cabello et la Guayra.

Dans les îles qui s'élèvent comme des bastions au milieu de l'eau, et par-tout où le fond rocheux du lac est visible à l'œil, j'ai reconnu une direction uniforme [2] dans les couches de gneiss. Cette direction est à-peu-près celle des chaînes de montagnes au nord et au sud du lac. Dans les collines du Cabo-Blanco, on trouve, au milieu du gneiss,

---

[1] *Cuvier, Règne animal*, 1817, Tom. II, p. 26-27.
[2] Direction de la roche, hor. 3-4. Inclin. au nord-ouest. Les montagnes de la côte et celles de la Villa de Cura se dirigent de O. S. O. à E. N. E.

des massesan guleuses d'un quartz opaque, à peine translucide sur les bords, variant du gris au noir foncé. Il passe tantôt au hornstein, tantôt au kieselschiefer (jaspe schistoïde). Je ne crois pas qu'il forme un filon. Les eaux du lac[1] décomposent le gneiss par érosion, d'une manière bien extraordinaire. J'en ai trouvé des parties poreuses, presque cellulaires, fendillées en forme de choux-fleurs, et fixées sur du gneiss entièrement compact. L'action cesse peut-être avec le mouvement des ondes et le contact alternatif de l'air et de l'eau.

L'île de Chamberg est remarquable par sa hauteur. C'est un rocher de gneiss, à deux sommets réunis en forme de selle, et élevé de 200 pieds au-dessus de la surface des eaux. La pente du rocher est aride et nourrit à peine quelques pieds de Clusia à

---

[1] L'eau du lac n'est pas salée comme on le prétend à Caracas. On peut la boire sans qu'elle soit filtrée. Évaporée, elle laisse un très-foible résidu de carbonate de chaux et peut-être d'un peu de nitrate de potasse. Il faut même être surpris qu'un lac intérieur ne soit pas plus riche en sels alcalins ou terreux enlevés au sol environnant. *Halley*, dans les *Trans.*, 1715, p. 295.

CHAPITRE XVI. 197

grandes fleurs blanches, mais la vue sur le lac et les riches cultures des vallées voisines est admirable. Elle l'est sur-tout lorsque après le coucher du soleil, des milliers d'oiseaux aquatiques, des Hérons, des Flamingos et des canards sauvages traversent le lac pour dormir dans les îles, et que le feu couvre cette large ceinture de montagnes qui entoure l'horizon. Les habitans, comme nous l'avons déja rappelé, brûlent les pâturages pour y faire naître une herbe plus fraîche et plus fine. Les graminées abondent sur-tout au sommet de la chaîne, et ces vastes embrasemens, qui occupent quelquefois mille toises de longueur, se présentent comme des courans de lave qui débordent la crête des montagnes. Lorsque, par une de ces belles soirées des tropiques, on se repose au bord du lac pour y jouir de la douce fraîcheur de l'air, on aime à contempler, dans les ondes qui battent la grève, l'image des feux rougeâtres qui enflamment l'horizon.

Parmi les végétaux que produisent les îles rocheuses du lac de Valencia, il y en a plusieurs qu'on croit leur être propres, parce que, jusques ici, on ne les a pas découverts ailleurs. Tels sont les *Papayers du lac* et les Tomates [1] de l'île de Cura. Ces dernières diffèrent de notre Solanum lycopersicum; elles ont le fruit rond, petit, mais très-savoureux; on les cultive aujourd'hui à la Victoria, à Nueva-Valencia, et par-tout dans les vallées d'Aragua. Le Papayer *(Papaya de la laguna)* abonde aussi à l'île de Cura et à Cabo-Blanco. Il a le tronc plus élancé que le Papayer commun (Carica Papaya), mais son fruit est de moitié plus petit et parfaitement sphérique, sans côtes saillantes, d'un diamètre de 4 à 5 pouces. Lorsqu'on le coupe, on le trouve tout rempli de graines, et l'on n'y voit point ces intervalles creux qu'offre constamment la Papaye commune. Le goût du fruit, dont j'ai souvent mangé, est d'une douceur extrême [2]; j'ignore si c'est une variété du Carica-microcarpa, décrit par Jacquin.

[1] On cultive les Tomates, avec le *Papaya du lac*, dans le jardin de botanique de Berlin, auquel j'en avois envoyé des graines. M. Willdenow a décrit et figuré cette Solanée, sous le nom de Solanum Humboldtii, dans le *Hortus Berol.*, p. 27, Tab. 27.

[2] On leur attribue des propriétés constipantes; le peuple les appelle *Tapaculo*.

Les environs du lac ne sont malsains qu'à l'époque des grandes sécheresses, lorsque les eaux, dans leur retraite, laissent un terrain vaseux exposé à l'ardeur du soleil. Les bords ombragés de touffes de Coccoloba barbadensis, ornés de superbes Liliacées [1], rappellent, par le port des plantes aquatiques, les rivages marécageux de nos lacs d'Europe. On y voit des épis d'eau (Potamogeton), de la charagne (Chara) et des massettes de trois pieds de haut, qu'on a de la peine à ne pas confondre avec le Typha angustifolia de nos marais. Ce n'est qu'après un examen très-soigné que l'on reconnoît chacune de ces plantes pour des espèces [2] distinctes, propres au Nouveau-Continent. Combien de végétaux du détroit de Magellan, du Chili et des Cordillères de Quito ont été confondus jadis, à cause de cette analogie de forme et de physionomie, avec des végétaux de la zone tempérée boréale !

---

[1] Pancratium *undulatum*, Amaryllis *nervosa*. Voyez nos *Nov. Gen.*, Tom. I, p. 278.

[2] Potamogeton *tenuifolium*, Chara *compressa*, Typha *tenuifolia*. *L. cit.*, Tom. I, p. 45, 83 et 370.

Les habitans des vallées d'Aragua demandent souvent pourquoi le rivage méridional du lac, sur-tout la partie du sud-ouest vers los Aguacates, est généralement plus ombragé et d'une verdure plus fraîche que le rivage septentrional? Au mois de février, nous vîmes beaucoup d'arbres dépouillés de feuilles, près de l'Hacienda de Cura, à Mocundo et à Guacara, tandis qu'au sud-est de Valencia tout annonçoit déja l'approche des pluies. Je pense que, dans la première partie de l'année, où le soleil a une déclinaison australe, les collines qui entourent Valencia, Guacara et Cura, sont brûlées par l'ardeur des rayons solaires, tandis que le rivage méridional reçoit, avec la brise, dès qu'elle entre dans la vallée par l'*Abra de Porto-Cabello*, un air qui a passé le lac et qui est chargé de vapeurs humides. C'est aussi sur ce rivage méridional que se trouvent, près de Guaruto, les plus belles cultures de tabac de toute la province. On les distingue par les noms de *primera, segunda* ou *tercera fundacion*. D'après le monopole oppressif de la ferme, dont nous avons parlé en décrivant la ville de Cumanacoa [1], les

[1] Tom. III, Chap. VI, p. 71.

habitans de la province de Caracas ne peuvent cultiver le tabac que dans les vallées d'Aragua (à Guaruto et à Tapatapa), et dans les *Llanos*, près d'Uritucu. Le produit de la vente est de cinq à six cent mille piastres; mais l'administration de la régie est si énormément dispendieuse qu'elle absorbe près de 230,000 piastres par an. La capitainerie générale de Caracas, par son étendue et l'excellente qualité de son sol, pourroit, aussi-bien que l'île de Cuba, fournir à tous les marchés de l'Europe; mais, dans son état actuel, elle reçoit, en contrebande, et le tabac du Brésil par le Rio Negro, le Cassiquiare et l'Orénoque, et le tabac de la province de Pore par le Casanare, l'Ariporo et le Rio Meta. Tels sont les effets funestes d'un systême prohibitif qui s'oppose au progrès de l'agriculture, diminue les richesses naturelles, et tend vainement à isoler des pays traversés par les mêmes rivières, et dont les limites se confondent dans des espaces inhabités.

Parmi les affluens du lac de Valencia, il y en a qui doivent leur origine à des sources thermales, et qui méritent une attention particulière. Ces sources jaillissent sur trois points de la cordillère granitique de la côte : près d'Onoto, entre Turmero et Maracay; près de Mariara, au nord-est de l'Hacienda de Cura, et près de las Trincheras, dans le chemin de Nueva-Valencia à Porto-Cabello. Je n'ai pu examiner avec soin que les rapports physiques et géologiques des eaux chaudes de Mariara et de las Trincheras. Lorsqu'on remonte la petite rivière de Cura vers sa source, on voit les montagnes de Mariara s'avancer dans la plaine sous la forme d'un vaste amphithéâtre, composé de rochers taillés perpendiculairement, et surmonté de pics à cimes dentelées. La partie centrale de l'amphithéâtre porte le nom bizarre de *Mur* ou *Coin du Diable* (*Rincon del Diablo*). De ces deux prolongemens, l'oriental s'appelle *el Chaparro*, l'occidental *las Viruelas*. Ces rochers, en ruines, dominent la plaine : ils sont composés d'un granite à gros grains, presque porphyroïde, dont les cristaux de feldspath blanc jaunâtre ont plus d'un pouce et demi de long. Le mica y est assez rare et d'un bel éclat argentin. Rien n'est plus pittoresque et plus imposant que l'aspect de ce groupe de montagnes à demi couvertes de végétation. Le pic de la *Calavera*, qui réunit le *Mur du Diable* au *Chaparro*, est visible de très-loin. Le granite y est séparé par des fentes perpendiculaires en masses prismatiques. On diroit que des colonnes de basalte surmontent la roche primitive. Dans le temps des pluies, une nappe d'eau considérable se précipite en cascade du haut de ces falaises. Les montagnes qui se rattachent vers l'est au *Mur du Diable*, sont beaucoup moins élevées, et renferment, comme le promontoire de la Cabrera et les monticules isolés dans la plaine, du gneiss et du micaschiste granatifère.

C'est dans ces montagnes moins élevées, deux à trois milles au nord-est de Mariara, que se trouve le ravin des eaux chaudes, *Quebrada de aguas calientes*. Ce ravin est dirigé N.75°O., et renferme plusieurs petits bassins, dont les deux supérieurs, qui ne communiquent pas entre eux, n'ont que 8 pouces, les trois inférieurs 2 à 3 pieds de diamètre. Leur profondeur varie de 3 à 15 pouces. La température de ces divers entonnoirs (*pozos*) est de 36° à 59° centésimaux, et, ce qui est assez remarquable, les entonnoirs inférieurs sont plus chauds que les supérieurs, quoique la différence totale du niveau ne soit que de 7 à 8 pouces. Les eaux chaudes se réunissent en formant un petit ruisseau (*Rio de aguas calientes*) qui, trente pieds plus bas, n'a que 48° de température. Dans le temps des grandes sécheresses (c'étoit l'époque [1] à laquelle nous visitions le ravin), toute la masse des eaux thermales ne forme qu'un profil de 26 pouces carrés. Ce profil augmente considérablement dans la saison des pluies. Le ruisseau se transforme alors en torrent, et diminue de chaleur; car il paroît que les sources chaudes mêmes ne sont sujettes qu'à des variations insensibles. Toutes ces sources sont foiblement chargées de gaz hydrogène sulfuré [2]. L'odeur d'œufs pourris, propre à ce gaz, ne se fait sentir que lorsqu'on approche tout près des sources. Il n'y a

---

[1] Le 18 février 1800. L'atlas géographique offre la carte des environs de Mariara, que j'ai esquissée pendant mon séjour à l'*Hacienda de Cura*.

[2] Acide hydro-sulfurique.

qu'un seul des puits, celui dont la température est de 56°,2, dans lequel le dégagement des bulles d'air se manifeste, et dans des intervalles assez réguliers de 2 à 3 minutes. J'ai observé que ces bulles partoient constamment des mêmes points, qui sont au nombre de quatre, et qu'en remuant le fond du bassin avec un bâton, on ne parvenoit guère à changer les endroits d'où se dégage l'hydrogène sulfuré. Ces endroits correspondent sans doute à autant d'ouvertures ou fentes dans le gneiss : aussi, lorsque les bulles paroissent sur une des ouvertures, l'émission du gaz suit immédiatement après sur les trois autres. Je n'ai pu réussir à enflammer ni les petites quantités de gaz qui se dégagent à la surface des eaux thermales, ni celles que j'ai recueillies dans un flacon au-dessus des sources, en éprouvant des nausées qui étoient moins causées par l'odeur du gaz que par l'excessive chaleur qui règne dans ce ravin. L'hydrogène sulfuré est-il mêlé de beaucoup d'acide carbonique ou d'air atmosphérique ? Je doute du premier de ces mélanges, d'ailleurs si commun dans les eaux thermales

(à Aix-la-Chapelle, à Enghien et à Barège).
Le gaz recueilli dans le tube d'un eudiomètre de Fontana, avoit été long-temps secoué avec de l'eau. Les petits bassins sont couverts d'une pellicule légère de soufre qui se dépose par la combustion lente de l'hydrogène sulfuré au contact de l'oxygène de l'atmosphère. Quelques herbes près des sources étoient incrustées de soufre. Ce dépôt ne devient guère sensible, lorsqu'on laisse refroidir l'eau de Mariara dans un vase ouvert, sans doute parce que la quantité de gaz dégagé est extrêmement petite et qu'elle ne se renouvelle pas. L'eau refroidie ne précipite point la dissolution du nitrate de cuivre; elle est sans saveur et très-potable. Si elle renferme quelques substances salines, par exemple des sulfates de soude ou magnésie, les quantités doivent en être très-petites. Presque entièrement dépourvus de réactifs[1], nous nous conten-

---

[1] Une petite boîte, renfermant de l'acétate de plomb, du nitrate d'argent, de l'alcool, du prussiate de potasse, etc., étoit restée par oubli à Cumana. J'ai fait évaporer l'eau de Mariara; elle n'a laissé qu'un très-petit résidu. Digéré avec de l'acide nitrique, ce résidu

tâmes de remplir deux bouteilles à la source même, et de les envoyer, avec le lait nourrissant de l'arbre appelé *Vaca*, par la voie de Porto-Cabello et de la Havane, à MM. Fourcroy et Vauquelin. Cette pureté des eaux chaudes qui sortent immédiatement des montagnes granitiques, est un des phénomènes les plus curieux qu'offrent les deux continens [1]. Comment expliquer l'origine du gaz hydrogène sulfuré ? Il ne peut provenir de la décomposition des sulfures de fer ou couches pyriteuses. Est-il dû aux sulfures du calcium, du magnesium ou d'autres métalloïdes terreux que renferme l'intérieur de notre planète au-dessous de sa couche rocheuse et oxidée ?

Dans le ravin des eaux chaudes de Mariara, au milieu des petits entonnoirs dont la température s'élève de 56° à 59°, végètent

---

n'a paru contenir que de la silice et une matière extractive végétale.

[1] Dans l'ancien continent, on trouve des eaux chaudes également pures sortant des granites du Portugal et de ceux du Cantal. En Italie, les Pisciarelli du lac Agnano ont une température qui s'élève à 93° centésimaux. Ces eaux pures sont-elles des vapeurs condensées ?

deux espèces de plantes aquatiques ; l'une, membraneuse, renfermant des bulles d'air, l'autre à fibres parallèles [1]. La première ressemble beaucoup à l'Ulva labyrinthiformis de Vandelli, qu'offrent les eaux thermales de l'Europe. A l'île d'Amsterdam, M. Barrow [2] a vu des touffes de Lycopodium et de Marchantia dans des lieux dont la chaleur du sol étoit bien plus grande encore. Tel est l'effet d'un *stimulus habituel* sur les organes des plantes. Les eaux de Mariara ne renferment pas d'insectes aquatiques. On y trouve des grenouilles qui, chassées par des serpens, ont sauté dans les entonnoirs et y ont péri.

Au sud du ravin, dans la plaine qui s'étend vers le rivage du lac, jaillit une autre source hydro-sulfureuse, moins chaude et plus foiblement imprégnée de gaz. La crevasse de laquelle sortent les eaux, se trouve de 6 toises plus élevée que les entonnoirs que nous venons de décrire. Le thermomètre ne monta pas, dans la crevasse,

[1] *Conferva ? fibrosa, lacte viridis, fibris parallelis, indivisis, apicem versus attenuatis.*
[2] *Voyage to Cochinchina*, p. 143.

au-dessus de 42°. Les eaux se réunissent dans un bassin entouré de grands arbres, presque circulaire, de 15 à 18 pieds de diamètre, et de 3 pieds de profondeur. C'est dans ce bain que se jettent les malheureux esclaves, lorsqu'à la fin de la journée, couverts de poussière, ils ont travaillé dans les champs voisins d'indigo et de cannes à sucre. Quoique cette eau du *baño* soit habituellement de 12° à 14° plus chaude que l'air, les noirs l'appellent rafraîchissante, parce que, sous la zone torride, ce mot est employé pour tout ce qui restaure les forces, calme l'irritation des nerfs ou cause un sentiment de bien-être. Nous avons éprouvé par nous-mêmes les effets salutaires de ce bain. Nous fîmes attacher nos hamacs aux arbres qui ombragent le bassin, et nous passâmes une journée entière dans ce lieu charmant qui abonde en plantes. C'est près du *baño de Mariara* que nous trouvâmes le *Volador* ou Gyrocarpus. Les fruits ailés de ce grand arbre tournent comme des volans lorsqu'ils se détachent du pédoncule. En secouant les branches du *Volador*, nous vîmes l'air rempli de ces fruits dont la chute simultanée offre l'aspect le plus extraordinaire. Les deux ailes membraneuses et striées sont repliées de manière à recevoir, en tombant, l'impression de l'air sous un angle de 45°. Heureusement les fruits que nous ramassâmes étoient parvenus à leur maturité. Nous en avons envoyé en Europe, et ils ont germé dans les jardins de Berlin, de Paris et de Malmaison. Les plants nombreux de *Volador*, qu'on trouve aujourd'hui dans les serres, doivent leur origine au seul arbre de ce genre qui se trouve près de Mariara. La distribution géographique des différentes espèces de Gyrocarpus, que M. Brown regarde comme une Laurinée, est bien singulière. Jacquin en a vu une espèce près de Carthagène des Indes [1]. C'est celle que nous avons retrouvée au Mexique près de Zumpango, dans le chemin d'Acapulco à la capitale [2]. Une autre espèce, qui croît

---

[1] *Jacq.*, *Hist. americ.*, t. 178, f. 80. C'est le Gyrocarpus Jacquini de Gærtner (*De Fruct.* t. 97, Tom. II, p. 92.) ou Gyrocarpus americanus, Willd.

[2] Les indigènes nous l'ont nommé, au Mexique, *Quitlacoctli*. J'ai vu de jeunes feuilles à 3 ou 5 lobes; les feuilles adultes sont en cœur et constamment à 3 lobes.

CHAPITRE XVI.

sur les montagnes du Coromandel [1], a été décrite par Roxburgh : les troisième et quatrième [2] végètent dans l'hémisphère austral sur les côtes de la Nouvelle-Hollande.

Tandis que, au sortir du bain, à demi-enveloppés d'un drap, nous nous séchions au soleil, à la manière du pays, un petit homme de race mulâtre s'approcha de nous. Après nous avoir salués gravement, il nous fit un long discours sur les vertus des eaux de Mariara, sur le nombre des malades qui les visitoient depuis quelques années, sur la position avantageuse des sources entre deux villes, Valencia et Caracas, où le déréglement des mœurs augmentoit de jour en jour. Il nous montra sa maison, petite cabane couverte en feuilles de palmier, située dans un enclos à peu de distance, sur les bords d'un ruisseau qui communique avec le bain. Il assuroit que nous y trouverions toutes les commodités de la vie, des

Nous n'avons jamais trouvé le Volador en fleur. MM. Sesse et Mociño en possèdent des dessins.

[1] *Roxb. Corom. I, pl.* t. 1. C'est le Gyrocarpus asiaticus, Willd.

[2] G. sphenopterus et G. rugosus. (*Brown, Prodr.*, Tom. I, p. 405.)

clous pour tendre nos hamacs, des cuirs de bœufs pour coucher sur des bancs construits en joncs, des vases de terre toujours remplis d'eau fraîche, et ce qui, après le bain, nous seroit le plus salutaire, de ces grands lézards, *Iguanas*, dont la chair est connue comme un aliment rafraîchissant. Nous jugeâmes par ce discours que le pauvre homme nous prenoit pour des malades qui venoient s'établir auprès de la source. Ses conseils et ses offres d'hospitalité n'étoient pas tout-à-fait désintéressés. Il se disoit « l'inspecteur des eaux et le *pulpero* [1] de l'endroit. » Aussi ses attentions prévenantes cessèrent pour nous, dès qu'il apprit que nous étions venus simplement pour satisfaire notre curiosité, ou, comme on s'exprime dans les colonies, qui sont le pays de l'oisiveté, *para ver*, *no mas*, « pour voir et rien de plus.

Les eaux de Mariara sont employées avec succès contre des engorgemens rhumatiques, des ulcères anciens et ces horribles affections de la peau qu'on appelle *bubas*, et

[1] Propriétaire d'une *pulperia* ou petite boutique dans laquelle on vend des comestibles et des boissons.

dont l'origine n'est pas toujours siphylitique. Comme les sources ne sont que très-foiblement chargées d'hydrogène sulfuré, il faut se baigner à l'endroit même où elles jaillissent. Plus loin, ces mêmes eaux sont employées à l'irrigation des champs d'indigo. Le riche propriétaire de Mariara, Don Domingo Tovar, avoit le projet de faire construire une maison de bain, et de fonder un établissement qui offriroit aux gens aisés quelques ressources de plus que de la chair de lézard pour aliment, et des cuirs étendus sur un banc pour prendre le repos.

Nous partîmes, le 21 février au soir, de la belle *Hacienda de Cura* pour Guacara et Nueva Valencia. Nous préférâmes voyager la nuit à cause de l'excessive chaleur du jour. Nous passâmes par le hameau de Punta Zamuro, au pied des hautes montagnes de Las Viruelas. Le chemin est bordé de grands arbres de Zamang ou Mimoses dont le tronc s'élève à 60 pieds de hauteur. Leurs branches, presque horizontales, se rencontrent à plus de 150 pieds de distance. Je n'ai vu nulle part une voûte de verdure plus belle et plus touffue. La nuit étoit sombre. Le *Mur du Diable* et ses rochers dentelés paroissoient de temps en temps, dans le lointain, éclairés par l'embrasement des savanes ou enveloppés d'une fumée rougeâtre. Là où les buissons étoient le plus épais, nos chevaux étoient effrayés par le cri d'un animal qui sembloit nous suivre de près. C'étoit un grand tigre qui rôdoit depuis trois ans dans ces montagnes. Il avoit constamment échappé à la poursuite des chasseurs les plus hardis : il enlevoit les chevaux et les mulets au milieu des enclos; mais, ne manquant pas de nourriture, il n'avoit point encore attaqué les hommes. Le nègre qui nous conduisoit poussoit des cris sauvages. Il croyoit épouvanter le tigre; le moyen resta naturellement sans effet. Le Jaguar, comme le loup d'Europe, suit les voyageurs, même lorsqu'il ne veut pas les attaquer; le loup, en plein champ, dans des endroits découverts; le Jaguar, en côtoyant le chemin et ne paroissant que par intervalles dans les broussailles.

Nous passâmes la journée du 23 dans la maison du marquis del Toro, au village de

Guacara, commune indienne très-considérable. Les indigènes, dont le corrégidor, Don Pedro Peñalver, étoit un homme distingué par la culture de son esprit, jouissent de quelque aisance. Ils venoient de gagner, à l'Audiencia, un procès qui les remettoit en possession des terres dont les blancs leur disputoient la propriété. Une allée de Carolinea conduit de Guacara à Mocundo. C'étoit la première fois que je voyois en plein air ce superbe végétal qui fait un des principaux ornemens des grandes serres de Schönbrunn[1]. Mocundo est une riche plantation de cannes à sucre appartenant à la famille de Toro. On y trouve, ce qui est si rare dans ces pays, jusqu'au « luxe de l'agriculture », un jardin, des bosquets plantés, et, au bord de l'eau, sur un rocher de gneiss[2], un pavillon avec un *Mirador* ou *Belvédère*. On y jouit d'une vue délicieuse sur la partie occidentale du lac,

[1] Tous les Carolinea princeps de Schönbrunn sont venus de graines recueillies par MM. Bose et Bredemeyer sur un seul arbre, d'une grosseur énorme, près de Chacao, à l'est de Caracas.

[2] Direction des couches de gneiss, hor. 3-4. Inclin. 80° au sud-est.

sur les montagnes d'alentour et sur une forêt de palmiers qui sépare Guacara de la ville de Nueva Valencia. Les champs de cannes à sucre, par la tendre verdure des jeunes roseaux, ressemblent à une vaste prairie. Tout annonce l'abondance, mais c'est au prix de la liberté des cultivateurs. A Mocundo, on cultive, avec 230 nègres, 77 *tablones* ou *pièces de cannes*, dont chacune de 10,000 *vares* carrés [1] rend un produit net de 200 à 240 piastres par an. On plante la canne créole et la canne d'Otaheiti [2] au mois d'avril, la première à 4, la seconde à 5 pieds de distance. La canne mûrit après 14 mois. Elle fleurit au mois d'octobre, si le plant est assez vigoureux; mais on coupe le sommet avant que la panicule se développe. Dans toutes les Monocotylédonées (le Maguey cultivé au Me-

[1] Un *tablon* — 1849 toises carrées, contient à-peu-près 1 $\frac{1}{3}$ arpent; car 1 arpent légal a 1344 t. c., et 1,95 arpent légal forme 1 hectare.

[2] A l'île de Palma, où, par les 29° de latitude, on cultive la canne à sucre, d'après M. de Buch, jusqu'à 140 toises de hauteur au-dessus du niveau de l'Atlantique, la canne d'Otaheiti exige plus de chaleur que la canne créole.

xique pour en retirer le *Pulque*, le Palmier à vin et la canne à sucre), la floraison altère la qualité des sucs. La fabrication du sucre, la cuite et le terrage sont très-imparfaits à la Terre-Ferme, parce qu'on ne fabrique que pour la consommation intérieure, et que l'on préfère, pour le débit en grand, le *papelon* tant au sucre raffiné qu'au sucre brut. Ce *papelon* est un sucre impur, formé en très-petits pains, d'une couleur brun-jaunâtre. Il est mêlé de mélasse et de matières mucilagineuses. L'homme le plus pauvre mange du *papelon*, comme en Europe on mange du fromage. On lui attribue généralement des qualités nutritives. Fermenté avec de l'eau, il donne le *guarapo*, la boisson favorite du peuple. Pour lessiver le vezou de canne, on se sert, dans la province de Caracas, au lieu de chaux, de sous-carbonate de potasse. On donne la préférence aux cendres du *Bucare* qui est l'Erythrina Corallodendron.

La canne à sucre n'a passé que très-tard, vraisemblablement vers la fin du seizième siècle, des îles Antilles aux vallées d'Aragua. Connue dans l'Inde, en Chine et dans toutes les îles de l'Océan pacifique, dès la plus haute antiquité, elle a été plantée en Perse, dans le Chorasan, dès le cinquième siècle de notre ère, pour en retirer du sucre solide [1]. Les Arabes ont porté ce roseau, si utile aux habitans des pays chauds et tempérés, sur les côtes de la Méditerranée. En 1306, on n'en connoissoit point encore la culture en Sicile, mais déja elle étoit commune à l'île de Chypre, à Rhodes et dans la Morée [2]; cent ans plus tard, elle enrichit la Calabre, la Sicile et les côtes d'Espagne. De Sicile, l'infant Henri transplanta la canne à Madère [3]; de Madère, elle passa aux îles Canaries où elle étoit entièrement inconnue; car les *Ferulæ* de Juba (*quæ expressæ liquorem fundunt potui jucundum*) sont des Euphorbes, le *Tabáyba dulce*, et non,

[1] *Voyez* mes recherches sur le *sucre* et le *tabasheer*, dont le nom indien *scharkara* a passé au sucre, dans les *Nov. Genera et Species*, Tom. I, p. 243.

[2] Selon la collection connue sous le nom de *Bongars*, *Gesta Dei per Francos* (*Sprengel, Gesch. der geogr. Entdekkungen*, p. 186.) *Alexandri Benedicti Opera med.*, 1549, p. 150.

[3] *Ramusio*, Tom. I, p. 106.

comme on l'a récemment prétendu [1], des cannes à sucre. Il y eut bientôt douze sucreries (*ingenios de azucar*) dans l'île de la Grande-Canarie, dans celle de Palma, et entre Adexe, Icod et Garachico, dans l'île de Ténériffe. On se servoit de nègres pour la culture, et leurs descendans habitent encore les grottes de Tiraxana dans la Grande-Canarie. Depuis que la canne à sucre a été transplantée aux Antilles, et que le Nouveau-Monde a donné le maïs aux îles Fortunées, la culture de cette dernière graminée a remplacé, à Ténériffe et à la Grande-Canarie, la culture de la canne. Aujourd'hui, on ne trouve plus celle-ci qu'à l'île de Palme, près d'Argual et Tazacorte [2], où elle donne à peine 1000 quintaux de sucre par an. La canne des Canaries, qu'Aiguilon porta à Saint-Domingue, y fut cultivée en grand depuis 1513 ou dans les six ou sept années

[1] Sur l'origine du sucre de cannes dans le *Journ. de Pharmacie*, 1816, p. 387. Le *Tabayba dulce* est, selon M. de Buch, l'Euphorbia balsamifera dont le suc n'est pas corrosif et amer comme celui du *Cardon* ou Euphorbia canariensis.

[2] *Notice sur la culture du sucre dans les îles Canaries*, par M. Léop. de Buch. (Manuscrit.)

suivantes, sous les auspices des moines de Saint-Jérôme [1]. Dès le commencement, les nègres furent employés à cette culture, et, en 1519, on représentoit déja au gouvernement, comme on a fait de nos temps, « que les îles Antilles seroient perdues et resteroient désertes, si on n'y conduisoit pas annuellement des esclaves de la côte de Guinée [2]. »

Depuis quelques années, la culture et la fabrication du sucre ont été beaucoup perfectionnées à la Terre-Ferme; et, comme les procédés du raffinage ne sont point permis, d'après les lois, à la Jamaïque, on croit pouvoir compter sur l'exportation frauduleuse du sucre raffiné aux colonies angloises. Mais la consommation des provinces de Venezuela, soit en *papelon*, soit en sucre brut, employé à la fabrication du chocolat et des confitures (*dulces*), est si énorme, que l'exportation a été jusqu'ici absolument nulle. Les plus belles plantations de sucre

---

[1] Herera, Dec. II, l. 3, c. 14. Comparez mon *Essai polit. sur la Nouv. Espagne*, Tom. II, p. 425.
[2] Dec. II, l. 3. Herrera, c. 3.

sont dans les vallées d'Aragua et du Tuy [1]; près du Pao de Zarate, entre la Victoria et San-Sebastian [2]; près de Guatire, Guarenas et Caurimare [3]. Si les premières cannes sont venues dans le Nouveau-Monde des îles Canaries, ce sont aussi généralement les Canariens ou *Islengos* qui se trouvent encore aujourd'hui placés à la tête des grandes plantations, et qui dirigent les travaux de la culture et du raffinage.

C'est cette même liaison intime avec les îles Canaries et ses habitans qui a donné lieu à l'introduction des chameaux dans les provinces de Venezuela. Le marquis del Toro en a fait venir trois de Lancerote. Les frais de transport ont été très-considérables, à cause de l'espace qu'occupent ces animaux sur des bâtimens marchands et de la grande quantité d'eau douce qui leur est nécessaire, dans l'état de souffrance auquel les réduit

[1] Tapatapa ou la Trinidad, Cura, Mocundo, El Palmar.

[2] Par exemple l'Hacienda de Santa Rosa.

[3] Prix, dans les vallées d'Aragua : *papelon*, pain de $2\frac{1}{2}$ livres de poids, $\frac{1}{2}$ réal de plata ou $\frac{1}{16}$ d'une piastre forte; 1 livre de sucre brut, 1 réal; 1 livre de sucre terré, 1 à $1\frac{1}{2}$ réal.

une longue traversée. Le même chameau, dont le prix ne s'étoit élevé qu'à trente piastres, a coûté, à son arrivée sur les côtes de Caracas, huit cents à neuf cents piastres. Nous avons vu ces animaux à Mocundo ; sur quatre, il y en avoit déja trois nés en Amérique. Deux étoient morts de la morsure du *Coral*, serpent vénéneux très-commun sur les bords du lac. On ne se sert jusqu'ici de ces chameaux que pour le transport de la canne à sucre aux moulins. Les mâles, plus forts que les femelles, portent 40 à 50 *arrobes*. Un riche propriétaire de la province de Varinas, encouragé par l'exemple du marquis del Toro, a destiné une somme de 15000 piastres à faire venir à-la-fois 14 ou 15 chameaux des îles Canaries. Ces entreprises sont d'autant plus dignes d'éloges, qu'on compte se servir de ces bêtes de somme pour le transport des marchandises à travers les plaines brûlantes de Casanare, de l'Apure et de Calabozo qui, dans la saison des sécheresses, ressemblent aux déserts de l'Afrique. J'ai déja fait observer, dans un autre endroit [1], combien

[1] *Essai polit. sur la Nouv. Esp.*, T. I, p. 23; T. II, p. 689.

il eût été à desirer que les *Conquistadores*, dès le commencement du seizième siècle, eussent peuplé l'Amérique de chameaux, comme ils l'ont peuplée de bêtes à cornes, de chevaux et de mulets. Par-tout où il y a d'immenses distances à parcourir dans des terrains inhabités, par-tout où la construction des canaux devient inutile, parce qu'ils exigent un trop grand nombre d'écluses (comme à l'isthme de Panama, sur le plateau du Mexique, dans les déserts qui séparent le royaume de Quito du Pérou, et le Pérou du Chili), les chameaux seroient de la plus haute importance pour faciliter le commerce intérieur. On est d'autant plus surpris que cette introduction n'ait pas été encouragée par le gouvernement dès le commencement de la conquête, que, long-temps après la prise de Grenade, les chameaux, objets de la prédilection des Maures, étoient encore très-communs dans le midi de l'Espagne. Un Biscayen, Juan de Reinaga, avoit conduit, à ses propres frais, quelques-uns de ces animaux au Pérou. Le père Acosta [1] les vit au pied des Andes vers la fin du seizième

1 *Hist. nat. de Indias*, Lib. IV, c. 33.

siècle; mais, comme ils étoient peu soignés, ils se propageoient avec peine, et leur race fut bientôt éteinte. Dans ces temps d'oppression et de malheur, que l'on a décrits comme les temps de la gloire espagnole, les commendataires (*Encomenderos*) louoient les Indiens aux voyageurs, comme des bêtes de somme. On les réunissoit par centaines, soit pour porter des marchandises à travers les Cordillères, soit pour suivre les armées dans leurs expéditions de découvertes et de pillage. Les indigènes enduroient ce service avec d'autant plus de patience, qu'à cause du manque presque total d'animaux domestiques, ils y avoient déja été contraints depuis long-temps, quoique d'une manière moins inhumaine, sous le gouvernement de leurs propres chefs. L'introduction des chameaux, essayée par Juan de Reinaga, répandit l'alarme parmi les *Encomenderos* qui étoient, non d'après les lois, mais dans le fait, *seigneurs* des villages indiens. On ne peut être surpris que la cour ait accueilli les plaintes des seigneurs; mais par suite de cette mesure, l'Amérique fut privée d'un des moyens qui pouvoient le plus faciliter la communication intérieure et l'échange des productions. Aujourd'hui que, depuis le règne du roi Charles III, les Indiens sont gouvernés d'après un système plus équitable, et qu'un champ plus libre va s'ouvrir à toutes les branches de l'industrie nationale, l'introduction des chameaux devroit être tentée en grand, et par le gouvernement même. Quelques centaines de ces animaux utiles, répandus sur la vaste surface de l'Amérique, dans des lieux chauds et arides, auroient, dans peu d'années, une influence marquante sur la prospérité publique. Des provinces séparées par des steppes paroîtroient dèslors plus rapprochées les unes des autres: plusieurs denrées de l'intérieur baisseroient de prix sur les côtes, et, en multipliant les chameaux, sur-tout les *hedjines*, *vaisseaux du désert*, on donneroit une nouvelle vie à l'industrie et au commerce du Nouveau-Monde.

Le 22 au soir, nous continuâmes notre route de Mocundo par Los Guayos à la ville de Nueva Valencia. On passe par une petite forêt de palmiers qui ressemblent, par leur port et leurs feuilles en éventail, au Chamerops humilis des côtes de Barbarie. Le tronc s'élève cependant à 24, quelquefois même à 30 pieds de hauteur. C'est probablement une nouvelle espèce du genre Corypha[1]; on l'appelle, dans le pays, *Palma de Sombrero*, ses pétioles étant employés à tisser des chapeaux qui ressemblent à nos chapeaux de paille. Ce bosquet de palmiers, dont le feuillage desséché résonne au moindre souffle des vents, ces chameaux qui paissent dans la plaine, ce mouvement ondoyant des vapeurs sur une terre brûlée par les ardeurs du soleil, donnent au paysage un aspect africain. L'aridité du sol augmente à mesure qu'on approche de la ville, et que l'on dépasse l'extrémité occidentale du lac. C'est un terrain argileux qui a été nivelé et délaissé par les eaux. Les collines voisines, appelées les *Morros de Valencia*, sont composées de tufs blancs, formation calcaire très-récente qui recouvre immédiatement le gneiss. On la retrouve à la Victoria et sur plusieurs autres points, le long de la *chaîne du littoral*. La blancheur de ces tufs, qui reflètent les rayons du soleil,

---

[1] Corypha *tectorum; Nova gen.*, Tom. I, p. 299.

contribue beaucoup à l'excessive chaleur qu'on éprouve dans ces lieux. Tout y paroît frappé de stérilité; à peine trouve-t-on quelques pieds de Cacaoyer sur les bords du Rio de Valencia; le reste de la plaine est nu et dépourvu de végétation. Cette apparence de stérilité est attribuée ici, comme par-tout dans les vallées d'Aragua, à la culture de l'indigo qui, selon l'assertion des colons, est de toutes les plantes celle qui *fatigue* (*cansa*) le plus le terrain. Il seroit intéressant de rechercher les véritables causes physiques de ce phénomène, qui, comme l'effet des jachères et des assolemens, sont loin d'être suffisamment éclaircies. Je me bornerai à faire observer en général que les plaintes sur la stérilité croissante des terrains cultivés deviennent d'autant plus fréquentes sous les tropiques, que l'on est plus rapproché de l'époque du premier défrichement. Dans une région presque dépourvue d'herbes, où chaque végétal a une tige ligneuse et tend à s'élever comme un arbuste, la terre vierge reste ombragée, soit par de grands arbres, soit par des broussailles. C'est sous cet ombrage touffu qu'elle conserve par-tout de la fraîcheur et de l'humidité. Quelque active que paroisse la végétation des tropiques, le nombre des racines qui pénètrent dans la terre est moins grand sur un sol inculte, tandis que les plantes sont plus rapprochées dans des terrains soumis à la culture, couverts d'indigo, de cannes à sucre ou de manioc. Les arbres et les arbustes, surchargés de branches et de feuilles, tirent une grande partie de leur nourriture de l'air ambiant, et la terre vierge augmente en fertilité par la décomposition des matières végétales qui s'accumulent progressivement. Il n'en est pas ainsi dans les champs couverts d'indigo ou d'autres plantes herbacées. Les rayons du soleil y pénètrent librement dans la terre, et détruisent, par la combustion accélérée des hydrures de carbone et d'autres principes acidifiables, les germes de la fécondité. Ces effets frappent d'autant plus l'imagination des colons que, dans une terre nouvellement habitée, ils comparent la fertilité d'un sol qui a été abandonné à lui-même pendant des milliers d'années, au produit des champs labourés. C'est sous le rapport du produit de l'agriculture que les colonies espagnoles du continent, et les grandes îles de Porto-Rico et de Cuba, offrent aujourd'hui des avantages marquans sur les Petites-Antilles. Les premières, par leur étendue, la variété de leur site et leur petite population relative, portent encore tous les caractères d'un sol nouveau; tandis qu'à la Barbade, à Tabago, à Sainte-Lucie, aux îles Vierges et dans la partie françoise de Saint-Domingue, on sent que de longues cultures commencent à épuiser le sol. Si, dans les vallées d'Aragua, au lieu d'abandonner les terrains d'indigo, et de les laisser en jachère, on les couvroit pendant plusieurs années non de graminées céréales, mais d'autres plantes alimentaires et de fourrage; si, parmi ces plantes, on préféroit celles qui appartiennent à des familles différentes, et qui ombragent le sol par la largeur de leurs feuilles, on parviendroit progressivement à améliorer les champs et à leur rendre une partie de leur ancienne fertilité.

La ville de Nueva Valencia occupe une étendue de terrain considérable, mais sa population est à peine de six à sept mille ames.

Les rues sont très-larges, le marché *(plaza mayor)* est d'une grandeur démesurée, et, comme les maisons sont extrêmement basses, la disproportion entre la population de la ville et l'espace qu'elle occupe est encore plus grande qu'à Caracas. Beaucoup de blancs, de race européenne, sur-tout les plus pauvres, abandonnent leurs maisons et vivent, la majeure partie de l'année, dans leurs petites plantations d'indigo et de coton. Ils osent y travailler de leurs mains; ce qui, selon des préjugés invétérés dans ce pays, seroit avilissant pour eux à la ville. L'industrie des habitans commence en général à se réveiller, et la culture du coton a augmenté considérablement depuis que de nouvelles libertés ont été accordées au commerce de Porto-Cabello, et que ce port a été ouvert comme *port majeur*[1] aux navires qui viennent directement de la métropole.

Nueva Valencia, fondée, en 1555, sous le gouvernement de Villacinda, par Alonzo Diaz Moreno, est de douze années plus ancienne que Caracas. Nous avons déja fait

[1] *Puerto mayor* depuis 1798.

voir ailleurs que la population espagnole s'est portée, dans le Venezuela, de l'ouest à l'est. Valencia ne fut d'abord qu'une dépendance de Burburata, mais cette dernière ville n'est plus qu'une embarcadère de mulets. On regrette, et peut-être avec raison, que Valencia ne soit pas devenue la capitale du pays. Sa situation dans une plaine, au bord d'un lac, rappelleroit l'emplacement de Mexico. Lorsqu'on réfléchit sur la communication facile qu'offrent les vallées d'Aragua avec les *Llanos* et les rivières qui débouchent dans l'Orénoque, lorsqu'on reconnoît la possibilité d'ouvrir la navigation intérieure par le Rio Pao et la Portuguesa jusqu'aux bouches de l'Orénoque, au Cassiquiare et à l'Amazone, on conçoit que la capitale des vastes provinces de Venezuela auroit été mieux placée près du superbe port de Porto-Cabello, sous un ciel pur et serein, que près de la rade peu abritée de la Guayra, dans une vallée tempérée, mais constamment brumeuse. Rapprochée du royaume de la Nouvelle-Grenade, située entre les terrains fertiles en blés de la Victoria et de Barquesimito, la ville de Valencia auroit dû prospérer ; mais, malgré tous ces avantages, elle n'a pu lutter avec Caracas qui lui a enlevé, pendant deux siècles, une grande partie de ses habitans. Les familles des Mantuanos ont préféré le séjour de la capitale à celui d'une ville de province.

Ceux qui ne connoissent pas l'innombrable quantité de fourmis, qui infestent tous les pays sous la zone torride, ont de la peine à se former une idée des destructions et des affaissemens du sol causés par ces insectes. Ils abondent à tel point dans l'emplacement de la ville de Valencia, que leurs excavations ressemblent à des canaux souterrains qui se remplissent d'eau pendant le temps des pluies, et deviennent très-dangereuses pour les édifices. On n'a pas eu recours ici aux moyens extraordinaires employés au commencement du seizième siècle à l'île de Saint-Domingue, lorsque des bandes de fourmis ravageoient les belles plaines de La Vega et les riches propriétés de l'ordre de Saint-François. Les moines, après avoir brûlé inutilement les larves des fourmis, et tenté des fumigations, conseillèrent aux habitans de choisir, par la voie du sort, un saint qui serviroit d'*Abagado contra las Hormigas*[1]. L'honneur du choix tomba sur Saint-Saturnin, et les fourmis disparurent dès qu'on célébra la première fête de ce saint. L'incrédulité a fait bien des progrès depuis les temps de la conquête, et ce n'est que sur le dos des Cordillères que j'ai trouvé une petite chapelle destinée, selon son inscription, aux prières que l'on adresse au ciel pour la destruction des *termites*.

Valencia offre quelques souvenirs historiques; mais ces souvenirs, comme tout ce qui tient aux colonies, ne datent pas de très-loin et rappellent ou des discordes civiles ou de sanglans combats avec les sauvages. Lopez de Aguirre, dont les forfaits et les aventures forment un des épisodes les plus dramatiques de l'histoire de la *conquête*, passa, en 1561, du Pérou par la rivière des Amazones, à l'île de la Marguerite, et de là, par le port de Burburata, dans les vallées d'Aragua. A son entrée à Valencia, qui se glorifie du titre de la *ville du Roi*, il proclama et l'indépendance

[1] *Herrera, Decad.* II., L. 3, c. xiv.

du pays et la déchéance de Philippe II. Les habitans se retirèrent dans les îles du lac de Tacarigua, et amenèrent avec eux tous les canots du rivage pour être plus sûrs dans leur retraite. Par ce stratagême, Aguirre ne put exercer ses cruautés que sur les siens. C'est à Valencia qu'il composa cette fameuse lettre au roi d'Espagne, qui peint avec une effrayante vérité les mœurs de la soldatesque au seizième siècle [1]. Le tyran (c'est ainsi qu'Aguirre est désigné encore aujourd'hui par le peuple) le tyran se vante tour-à-tour de ses crimes et de sa piété; il donne des conseils au roi sur le gouvernement des colonies et le régime des missions. Entouré d'Indiens sauvages, naviguant sur une grande mer d'eau douce, comme il appelle la rivière des Amazones, il « s'alarme des hérésies de Martin Luther, et de l'influence croissante des schismatiques en Europe. » Lopez de Aguirre fut tué à Barquesimeto, après avoir été abandonné par les siens. Au moment de succomber, il plongea le poignard dans le sein de sa fille unique « pour qu'elle n'eût

[1] *Voyez* la note A à la fin du cinquième livre.

CHAPITRE XVI.

point à rougir devant les Espagnols du nom de la fille d'un traître. » L'*ame du tyran* (telle est la croyance des indigènes) erre dans les savanes comme une flamme qui fuit l'approche des hommes [1].

Le second événement historique qui se lie au nom de Valencia, est la grande incursion faite par les Caribes de l'Orénoque en 1578 et 1580. Cette horde anthropophage remonta le long des rives du Guarico, en traversant les plaines ou *Llanos*. Elle fut heureusement repoussée par la valeur de Garci-Gonzalez, un des capitaines dont le nom est encore le plus révéré dans ces provinces. On aime à se rappeler que les descendans de ces mêmes Caribes vivent aujourd'hui dans les missions comme de paisibles cultivateurs, et qu'aucune nation sauvage de la Guiane n'ose traverser les plaines qui séparent la région des forêts de celle des terres labourées.

La Cordillère de la côte est coupée par plusieurs ravins qui sont dirigés très-uniformément du sud-est au nord-ouest. Ce phénomène est général depuis la Quebrada

[1] *Voyez* plus haut, Tom. II, p. 278.

de Tocume, entre Petarez et Caracas, jusqu'à Porto-Cabello. On diroit que l'impulsion est venue par-tout du sud-est, et ce fait est d'autant plus frappant, que les couches de gneiss et de micaschiste sont généralement dirigées, dans les Cordillères de la côte, du sud-ouest au nord-est. La plupart de ces ravins pénètrent dans les montagnes à leur pente méridionale, sans les traverser entièrement; mais dans le méridien de Nueva Valencia, il y a une ouverture (*abra*) qui conduit vers la côte, et par laquelle un vent de mer très-rafraîchissant pénètre tous les soirs dans les vallées d'Aragua. La brise s'élève régulièrement deux ou trois heures après le coucher du soleil.

C'est par cette *abra*, la ferme de Barbula, et une branche orientale du ravin, que l'on construit une nouvelle route de Valencia à Porto-Cabello. Elle sera si courte qu'il ne faudra que quatre heures pour se rendre au port, et que dans un même jour on pourra aller et revenir des côtes aux vallées d'Aragua. Pour prendre connoissance de ce chemin, nous partîmes, le

26 février au soir, pour la ferme de Barbula, accompagnés des propriétaires de cette ferme, l'aimable famille des Arambary.

Le 27 au matin, nous visitâmes les sources chaudes de la Trinchera, situées à trois lieues de Valencia. Le ravin est très-large, et l'on continue presque toujours à descendre des bords du lac aux côtes de la mer. La Trinchera prend son nom des petites fortifications en terre, construites en 1677 par des flibustiers françois qui saccagèrent la ville de Valencia. Les sources chaudes, et ce fait géologique est assez remarquable, ne jaillissent pas au sud des montagnes, comme celles de Mariara, d'Onoto et du Brigantin; elles viennent au jour dans la chaîne même, presque à sa pente septentrionale. Elles sont beaucoup plus abondantes que toutes celles que nous avions vues jusque-là, formant un ruisseau qui, dans les temps de la plus grande sécheresse, a deux pieds de profondeur et 18 de large. La température de l'eau, mesurée avec beaucoup de soin, étoit de 90°,3 du thermomètre centigrade. Après les sources d'Urijino, au Japon, qu'on assure être de l'eau pure, et à 100° de température, les eaux de la Trinchera de Porto-Cabello paroissent des plus chaudes du monde. Nous déjeûnâmes près de la source. Des œufs, plongés dans les eaux thermales, étoient cuits en moins de 4 minutes. Ces eaux, fortement chargées d'hydrogène sulfuré, jaillissent de la croupe d'une colline élevée de 150 pieds au-dessus du fond du ravin, et dirigée du sud-sud-est au nord-nord-ouest. La roche d'où sortent les sources est un véritable granite à gros grains, semblable à celui du *Mur du Diable* dans les montagnes de Mariara. Par-tout où les eaux s'évaporent à l'air, elles forment des dépôts et des incrustations de carbonate de chaux. Peut-être passent-elles à travers des couches de calcaire primitif, si commun dans le micaschiste et le gneiss des côtes de Caracas. Nous fûmes surpris du luxe de la végétation qui entoure le bassin. Des Mimoses à feuilles minces et pennées, des Clusia et des figuiers ont poussé leurs racines dans le fond d'une mare dont la température s'élevoit à 85°. Les branches de ces arbres s'étendoient, sur la surface des eaux, à 2 ou 3 pouces de distance. Constamment humecté par la vapeur chaude, ce feuillage des Mimosa étoit cependant de la plus belle verdure. Un Arum à tige ligneuse, et à grandes feuilles sagittées, s'élevoit même au milieu d'une mare dont la température étoit à 70°. Ces mêmes espèces de plantes végètent en d'autres parties de ces montagnes, au bord des torrens, dans lesquels le thermomètre ne monte pas à 18°. Il y a plus encore : à 40 pieds de distance du point où jaillissent les sources, qui ont 90° de température, on en trouve aussi d'entièrement froides. Les unes et les autres suivent, pendant quelque temps, une direction parallèle, et les indigènes nous montroient comment, en creusant un trou entre les deux ruisseaux, ils pouvoient, à volonté, se procurer un bain d'une température donnée. On est surpris de voir que, sous les climats les plus ardens et les plus froids, le peuple marque la même prédilection pour la chaleur. Lors de l'introduction du christianisme en Islande, les habitans ne vouloient être baptisés que dans les sources chaudes de l'Hécla; sous la zone torride, dans les plaines comme sur les

Cordillères, les indigènes accourent de toutes parts vers les eaux thermales. Les malades qui viennent à la Trinchera pour prendre des bains de vapeurs, construisent au-dessus de la source une espèce de treillage avec des branches d'arbres et des roseaux très-minces. Ils s'étendent nus sur ce treillage qui m'a paru peu solide et d'un accès dangereux. Le Rio de *Aguas calientes* se dirige au nord-est, et devient, près des côtes, une rivière assez considérable peuplée de grands crocodiles, et contribuant, par ses inondations, à l'insalubrité du littoral.

Nous descendîmes vers Porto-Cabello, ayant toujours la rivière d'eau chaude à notre droite. Le chemin et très-pittoresque. Les eaux se précipitent sur les bancs du rocher. On croit voir les cascades de la Reuss, qui descend du mont Saint-Gothard; mais quel contraste dans la force et la richesse de la végétation! Au milieu d'arbustes fleuris, au milieu des Bignonias et des Melastomes, s'élèvent majestueusement les troncs blancs du Cecropia. Ils ne disparoissent que lorsqu'on n'est plus élevé que de 100 toises au-dessus du niveau de l'Océan. C'est aussi jusqu'à cette limite que s'étend un petit palmier épineux, dont les feuilles minces et pennées paroissent comme frisées vers les bords. Il est extrêmement commun dans ces montagnes; mais, n'ayant vu ni le fruit ni les fleurs, nous ignorons si c'est le palmier *Piritu* des Caribes ou le Cocos aculeata de Jacquin.

La roche offre, dans ce chemin, un phénomène géologique d'autant plus remarquable, qu'on a disputé long-temps sur l'existence d'un véritable granite stratifié. Entre la Trinchera et l'hôtellerie du Cambury, paroît au jour un granite à gros grains, que la disposition des paillettes de mica, réunies en petits groupes, ne permet guères de confondre avec le gneiss ou avec des roches à texture schisteuse. Ce granite, divisé en bancs de 2 ou 3 pieds d'épaisseur, est dirigé N.52°E., et tombe régulièrement sous les angles de 30°-40° au nord-ouest. Le feldspath crystallisé en prismes à quatre pans inégaux et d'un pouce de long, passe par toutes les nuances du rouge de chair au blanc-jaunâtre. Le mica, réuni en tables hexagones, est noir, quelquefois vert. Le quartz domine dans la masse : sa couleur est généralement d'un blanc-laiteux. Je n'ai vu dans ce granite stratifié ni amphibole, ni schorl noir, ni titane ruthile. Dans quelques bancs, on reconnoît des masses rondes, gris-noirâtre, très-quartzeuses et presque dépourvues de mica. Elles ont 1 à 2 pouces de diamètre; on les retrouve sous toutes les zones, dans toutes les montagnes granitiques. Ce ne sont point des fragmens enchâssés, comme au Greiffenstein en Saxe, mais des aggrégations de parties qui semblent avoir obéi à des attractions partielles. Je n'ai pu suivre la ligne de jonction des terrains de gneiss et de granite. D'après des angles pris aux vallées d'Aragua, le gneiss paroît plongé sous le granite qui, par conséquent, seroit d'une formation plus récente. Nous examinerons ailleurs l'ancienneté relative de cette roche, lorsque après notre retour de l'Orénoque, nous essaierons de tracer, dans un chapitre particulier, le tableau géologique des formations, depuis l'équateur jusqu'aux côtes de la mer des Antilles. L'aspect d'un granite stratifié attiroit d'autant plus mon attention qu'ayant eu, pendant plusieurs années, la direction des mines du Fichtelberg, en Franconie, j'etois accoutumé à la vue de granites divisés en bancs de 3 ou 4 pieds d'épaisseur, mais peu inclinés, et formant, à la cime des plus hautes montagnes [1], des massifs semblables à des tours ou à de vieilles masures.

La chaleur devint étouffante à mesure que nous approchâmes des côtes. Une vapeur roussâtre voiloit l'horizon. Le soleil étoit prêt à se coucher, et cependant la brise ne souffloit point encore. Nous nous reposâmes dans les fermes isolées, connues sous les noms de *Cambury* et de la *maison du Canarien* (*Casa del Islengo*). La rivière d'eau chaude que nous longeâmes devenoit toujours plus profonde. Un crocodile étoit étendu mort sur la plage; il avoit plus de 9 pieds de long. Nous voulûmes examiner ses

---

[1] A l'Ochsenkopf, au Rudolphstein, à l'Epprechtstein, à la Luxbourg, et au Schneeberg. L'inclinaison des strates de ces granites du Fichtelberg n'est généralement que de 6°-10°, rarement (au Schneeberg) de 18°. D'après les inclinaisons que j'ai observées dans les strates du gneiss et du micaschiste voisins, je croirois le granite du Fichtelberg très-ancien, et servant de base aux autres formations; mais les couches de grünstein et le minerai d'étain disséminé qu'il renferme peuvent faire douter, d'après l'analogie des granites stannifères de Saxe, de sa haute antiquité.

dents et l'intérieur de sa bouche; mais, exposé an soleil pendant plusieurs semaines, il exhaloit une odeur si infecte qu'il fallut abandonner ce projet et remonter à cheval. Lorsqu'on est arrivé au niveau de la mer, le chemin tourne à l'est, et traverse une plage aride d'une lieue et demie de large, qui ressemble à celle de Cumana. On y trouve des raquettes éparses, du Sesuvium, quelques pieds de Coccoloba uvifera, et, le long de la côte, des Avicennia et des Paletuviers. Nous passâmes à gué le Guayguaza et le Rio Estevan qui, par de fréquens débordemens, forment de grandes mares d'eau croupissante. Dans cette vaste plaine, s'élèvent, comme des écueils, de petits rochers de méandrites, de madréporites et d'autres coraux ramifiés ou à surface bombée. Ils sembleroient attester la retraite récente de la mer. Mais ces masses de polypiers ne sont que des fragmens empâtés dans une brèche à ciment calcaire. Je dis dans une brèche, car il ne faut pas confondre les corallites blancs et frais de cette formation littorale très-nouvelle, avec les corallites fondus dans la masse des roches de transition, de la grauwakke et du calcaire noir. Nous fûmes étonnés de trouver, dans ce lieu entièrement inhabité, un grand tronc de Parkinsonia aculeata chargé de fleurs. Nos ouvrages de botanique indiquent cet arbre comme propre au Nouveau-Monde; mais pendant cinq années, nous ne l'avons vu que deux fois à l'état sauvage, dans les plaines du Rio Guayguaza et dans les Llanos de Cumana, à trente lieues de la côte, près de la Villa del Pao. Encore pouvoit-on supposer que ce dernier endroit avoit été un ancien *conuco* ou enclos soumis à la culture. Par-tout ailleurs sur le continent de l'Amérique, nous avons vu le Parkinsonia, comme le Plumeria, seulement dans les jardins des Indiens.

J'arrivai à temps à Porto-Cabello pour pouvoir prendre quelques hauteurs de Canopus, près du méridien : mais ces observations, de même que les hauteurs correspondantes du soleil, prises le 28 février, ne sont pas de toute confiance [1]. Je ne m'aperçus que trop tard d'un léger dérangement dans l'alidade d'un sextant de Trough-

[1] *Obs. astr.*, Tom. I, p. 206.

ton. C'étoit un sextant à tabatière, de deux pouces de rayons, dont on ne sauroit d'ailleurs assez recommander l'usage aux voyageurs. Je ne m'en suis servi généralement que pour des rélevés géodésiques faits dans des canots sur les rivières. A Porto-Cabello, comme à la Guayra, on dispute si le port est placé à l'est ou à l'ouest de la ville avec laquelle les communications sont les plus fréquentes. Les habitans pensent que Porto Cabello est au nord-nord-ouest de Nueva Valencia. Mes observations donnent, en effet, une longitude de 3 à 4 minutes en arc plus occidentale. M. Fidalgo trouve une différence vers l'est [1].

Nous fûmes reçus, avec l'obligeance la plus prévenante, dans la maison d'un médecin françois, M. Juliac, qui avoit fait de très-bonnes études à Montpellier. Sa petite maison renfermoit un assemblage de choses les plus diverses, mais qui toutes pouvoient intéresser des voyageurs. C'étoient des ouvrages de littérature et d'histoire naturelle; des notes sur la météorologie, des peaux de Jaguar et de grands serpens aquatiques;

[1] *Voyez* Introd. à mes *Obs. astr.*, Tom. I, p. xli.

des animaux vivans, des singes, des armadilles et des oiseaux. Notre hôte étoit premier chirurgien de l'hôpital royal de Porto-Cabello, et avantageusement connu dans le pays par l'étude approfondie qu'il avoit faite de la fièvre jaune. Il avoit vu entrer dans les hôpitaux, depuis sept ans, six à huit mille personnes attaquées de cette cruelle maladie. Il avoit observé les ravages que l'épidémie causa en 1793 dans la flotte de l'amiral Ariztizabal. Cette flotte avoit perdu près du tiers de l'équipage des vaisseaux, parce que les matelots étoient presque tous des Européens non acclimatés, et qui communiquoient librement avec la terre. M. Juliac avoit traité jadis ces malades, comme on le fait communément à la Terre-Ferme et dans les îles, par des saignées, des minoratifs et des boissons acides. Dans ce traitement, on ne tâche pas à relever les forces vitales par la puissance des stimulans. Voulant calmer, on augmente la débilité et la langueur. Dans les hôpitaux où les malades se trouvent accumulés, la mortalité étoit alors de 33 pour cent parmi les créoles blancs, et de 65 pour cent parmi les Européens récemment débarqués. Depuis qu'à l'ancienne méthode débilitante on avoit substitué un traitement stimulant, l'usage de l'opium, du benjoin et des boissons alcoholiques, la mortalité avoit beaucoup diminué. On la croyoit réduite à 20 pour cent pour les Européens, à 10 pour les créoles [1], lors même que des déjections noires par la bouche et des hémorragies par le nez, les oreilles et les gencives, indiquoient un haut degré d'*exacerbation* de la maladie. Je rapporte fidèlement ce qui étoit donné alors comme le résultat général des observations: mais je pense qu'on ne doit point oublier dans ces comparaisons numériques, que, malgré les apparences, les épidémies de plusieurs années successives ne se res-

[1] J'ai traité, dans un autre ouvrage, des rapports de mortalité dans la fièvre jaune. *Nouv. Esp.*, Tom. II, p. 777-785 et 867. A Cadix, la mortalité *moyenne* a été, en 1800, de 20 pour cent; à Séville, en 1801, elle étoit de 60 pour cent. A la Vera-Cruz, la mortalité n'excède pas 12-15 pour cent lorsqu'on peut soigner le traitement des malades. Dans les hôpitaux civils de Paris, le nombre des décès est, année moyenne, de 14 à 18 pour cent; mais on assure qu'un grand nombre de malades entre dans les hôpitaux presque mourans ou dans un âge très-avancé.

semblent pas, et que, pour décider sur l'emploi des remèdes fortifians ou débilitans (si toutefois cette différence existe dans un sens absolu), il faut distinguer entre les divers périodes de la maladie.

Le climat de Porto-Cabello est moins ardent que celui de la Guayra. La brise y est plus forte, plus fréquente, plus régulière. Les maisons ne sont point appuyées contre des rochers qui absorbent, pendant le jour, les rayons du soleil, et émettent le calorique pendant la nuit. L'air peut circuler plus librement entre les côtes et les montagnes d'Ilaria. Les causes de l'insalubrité de l'atmosphère doivent être cherchées dans les plages qui s'étendent à l'ouest, à perte de vue, vers la *Punta de Tucacos*, près du beau port de Chichiribiche. C'est là que sont les salines et que règnent, à l'entrée de la saison des pluies, des fièvres tierces qui dégénèrent facilement en fièvres ataxiques. On a fait la remarque curieuse que les métis qui travaillent aux salines sont plus basanés et qu'ils ont la peau plus jaune, lorsque, pendant plusieurs années de suite, ils ont souffert de ces fièvres qu'on appelle *la ma-*

ladie de la côte. Les habitans de cette plage, de pauvres pêcheurs, assurent que ce ne sont pas les inondations de la mer et la retraite des eaux salées qui rendent si malsains les terrains couverts de palétuviers [1], mais que l'insalubrité de l'air est due à l'eau douce, aux débordemens des rivières Guayguaza et Estevan, dont les crues sont si subites et si fortes dans les mois d'octobre et de novembre. Les bords du Rio Estevan sont moins dangereux à habiter depuis qu'on y a établi de petites plantations de maïs et de bananiers, et qu'en exhaussant et raffermissant le terrain, on est parvenu à contenir la rivière dans des limites plus étroites. On a le projet de donner une autre embouchure au Rio San-Estevan, et d'assainir par-là les environs de Porto-Cabello. Un canal de dérivation doit conduire les eaux vers la partie de la côte qui est opposée à l'île Guayguaza.

[1] Aux îles Antilles, on attribue depuis long-temps les maladies funestes qui règnent pendant la saison de l'hivernage, aux vents du sud. Ces vents portent, vers les hautes latitudes, les émanations des bouches de l'Orénoque et des petites rivières de la Terre-Ferme.

CHAPITRE XVI.

Les salines de Porto-Cabello ressemblent assez à celles de la péninsule d'Araya, près de Cumana. La terre qu'on lessive, en réunissant les eaux pluviales dans de petits bassins, est cependant moins chargée de sel. On demande ici, comme à Cumana, si le terrain est imprégné de parties salines, parce qu'il a été depuis des siècles couvert par intervalles par l'eau de mer évaporée au soleil, ou si le sol est muriatifère comme dans une mine très-pauvre en sel gemme. Je n'ai pas eu le loisir d'examiner cette plage avec le même soin que la péninsule d'Araya. D'ailleurs, ce problème ne se réduit-il pas à la question très-simple, si le sel est dû à de nouvelles inondations ou à des inondations très-anciennes? Comme le travail des salines de Porto-Cabello est extrêmement malsain, les hommes les plus pauvres sont les seuls qui s'y livrent. Ils réunissent le sel en de petits dépôts et le vendent après dans les magasins de la ville.

Pendant notre séjour à Porto-Cabello, le courant de la côte, généralement [1] dirigé

[1] Les débris des vaisseaux espagnols, brûlés à l'île de la Trinité, lors de son occupation par les Anglois,

vers l'ouest, portoit de l'ouest à l'est. *Ce courant vers le haut (corriente por arriba)*, dont nous avons déja parlé, est très-fréquent pendant deux ou trois mois de l'année, de septembre à novembre. On le croit l'effet de quelques vents nord-ouest qui ont soufflé entre la Jamaïque et le cap Saint-Antoine de l'île de Cuba.

La défense militaire des côtes de la Terre-Ferme repose sur six points, le château Saint-Antoine de Cumana, le Morro de Nueva Barcelona, les fortifications de la Guayra (avec 134 canons), Porto-Cabello, le fort Saint-Charles à l'embouchure du lac de Maracaybo, et Carthagène des Indes. Après Carthagène des Indes, Porto-Cabello est la place fortifiée la plus importante. La

en 1797, furent jetés, par le *courant général* ou *de rotation*, à la Punta Brava, près de Porto-Cabello. Ce courant général vers l'est, depuis les côtes de Paria jusqu'à l'isthme de Panama et l'extrémité occidentale de l'île de Cuba, avoit déja été, au seizième siècle, l'objet d'une vive dispute entre Don Diego Colomb, Oviedo et le pilote Andrès. *Voyez* « de novis opinionibus fluentis ad occidentem pelagi Pariensis et de impulsu cœlorum quo torrentes exeunt ad occidentem et per universum circumaguntur. » *Petr. Martyr. Ocean. Dec. II*, *Lib.* x, p. 327.

ville est très-moderne, et son port est un des plus beaux que l'on connoisse dans les deux Mondes. L'art n'a eu presque rien à ajouter aux avantages que présente la nature du site. Une langue de terre se prolonge d'abord vers le nord, et puis vers l'ouest. Son extrémité occidentale se trouve opposée à une rangée d'îles unies par des ponts, et si rapprochées, qu'on les prendroit pour une autre langue de terre. Ces îles sont toutes composées d'une formation de brèche calcaire extrêmement récente, analogue à celle que nous avons décrite sur les côtes de Cumana et près du château d'Araya. C'est un agglomérat qui renferme des fragmens de madrépores et d'autres coraux cimentés par une base calcaire et par des grains de sable. Nous avions déja vu cet agglomérat près du Rio Guayguaza. Par la disposition extraordinaire du terrain, le port ressemble à un bassin ou à une lagune intérieure dont l'extrémité méridionale est remplie d'îlots couverts de mangliers. L'ouverture du port vers l'ouest contribue beaucoup au calme [1] des eaux. Il

[1] On dispute, à Porto-Cabello, si le nom du port

ne peut entrer à-la-fois qu'un seul navire ; mais les plus grands vaisseaux de ligne peuvent mouiller très-près de terre pour faire de l'eau. Il n'y a d'autre danger pour l'entrée du port que les rescifs de Punta Brava, vis-à-vis desquels on a établi une batterie de huit canons. Vers l'ouest et le sud-ouest on aperçoit le fort, qui est un pentagone régulier à cinq bastions, la batterie du rescif, et les fortifications qui entourent l'ancienne ville fondée sur un îlot de forme trapézoïde. Un pont et la porte fortifiée de l'*estacade* réunissent l'ancienne ville à la nouvelle qui est déja plus grande, quoiqu'on ne la regrade que comme un faubourg. Le fond du bassin, ou de la lagune qui forme le port de Porto-Cabello, tourne derrière ce faubourg, au sud-ouest; c'est un terrain marécageux rempli d'eaux infectes et croupissantes. La ville a aujourd'hui près de

---

est dû à la tranquilité des eaux « qui ne déplaceroient pas un cheveu (*cabello*) » ou, comme il est plus probable, si ce nom dérive d'Antonio Cabello, un des pêcheurs avec lequel les contrebandiers de Curaçao avoient établi des liaisons intimes à l'époque où le premier hameau se formoit sur cette plage à demi-déserte.

9000 habitans. Elle doit son origine au commerce illicite attiré dans ces parages par la proximité de la ville de Burburata qui avoit été fondée en 1549. C'est seulement sous le régime des Biscaïens et de la compagnie de Guipuzcoa que Porto-Cabello, qui n'étoit qu'un hameau, a été converti en une ville bien fortifiée. Les vaisseaux de la Guayra, qui est moins un port qu'une mauvaise rade ouverte, viennent à Porto-Cabello pour se faire calfater et radouber.

La véritable défense du port consiste dans les batteries basses de la langue de terre de Punta Brava et du rescif, et c'est en méconnoissant ce principe qu'on a construit à grands frais, sur les montagnes qui dominent le faubourg vers le sud, un nouveau fort, le Belvédère (*Mirador*) de Solano [1]. Cet ouvrage, placé à un quart de lieue de distance du port, est élevé de quatre ou cinq cents pieds au-dessus du niveau des eaux. Il a coûté en frais de construction, annuellement et pendant un grand nombre d'années, vingt à trente

[1] Le Mirador est placé à l'est de la *Vigia alta* et au sud-est de la batterie de la saline et du moulin à poudre.

mille piastres. Le capitaine général de Caracas, M. de Guevara Vasconzelos, a jugé, comme les ingénieurs espagnols les plus habiles, que le *Mirador*, qui, de mon temps, n'avoit encore que seize canons, produiroit très-peu d'effet pour la défense de la place, et il a fait suspendre les travaux. Une longue expérience a prouvé que les batteries très-élevées, même lorsqu'elles sont pourvues de grosses pièces, agissent beaucoup moins, pour battre la rade, que les batteries basses et à demi-noyées, garnies de canons d'un moindre calibre, mais établies sur les côtes ou sur des jetées. Nous trouvâmes la place de Porto-Cabello dans un état de défense peu rassurant. Les fortifications du port et l'enceinte de la ville, qui ont une soixantaine de canons, demandent une garnison de 1800 à 2000 hommes; il n'y en avoit pas 600. Aussi une frégate du roi, attaquée de nuit par les chaloupes canonnières d'un vaisseau de guerre anglois, avoit été prise, quoique mouillée à l'entrée du port. Le blocus empêchoit moins qu'il ne favorisoit le commerce illicite; tout sembloit annoncer, à

Porto-Cabello, l'accroissement de la population et de l'industrie. Parmi les communications frauduleuses les plus actives, sont celles avec les îles de Curaçao et de la Jamaïque. On exporte annuellement plus de dix mille mulets. C'est un spectacle assez curieux de voir embarquer ces animaux qu'on abat avec le lacs, et qu'on monte à bord des vaisseaux au moyen d'un appareil qui ressemble à une grue. Rangés sur deux files, les mulets ont de la peine à se tenir sur leurs jambes pendant les mouvemens de roulis et de tangage. Pour les effrayer et les rendre plus dociles, on bat la caisse pendant une grande partie du jour et de la nuit. Qu'on juge de la tranquillité dont peut jouir un passager qui a le courage de s'embarquer pour la Jamaïque sur une de ces *goëlettes*, chargées de mulets.

Nous quittâmes Porto-Cabello le 1.er mars au lever du soleil. Nous vîmes avec surprise le grand nombre de canots chargés des fruits que l'on vend au marché. Cela me rappeloit une belle matinée de Venise. Du côté de la mer, la ville offre en général un aspect riant et agréable. Des montagnes couvertes de végétation et surmontées de pics [1], qu'à leurs contours on croiroit de roche trapéenne, forment le fond du paysage. Près de la côte, tout est nu, blanc, fortement éclairé ; tandis que le rideau des montagnes est couvert d'arbres à feuillage épais, qui projettent leurs vastes ombres sur des terrains bruns et rocailleux. En sortant de la ville, nous visitâmes l'aquéduc qu'on venoit d'achever. Il a 5000 vares de longueur, et conduit, par une rigole, les eaux du Rio Estevan à la ville. Cet ouvrage a coûté plus de 30,000 piastres : aussi l'eau jaillit-elle dans toutes les rues.

Nous retournâmes de Porto-Cabello aux vallées d'Aragua, en nous arrêtant de nouveau à la plantation de Barbula, par laquelle on trace le nouveau chemin de Valencia. Nous avions entendu parler, depuis plusieurs semaines, d'un arbre dont le suc est un lait nourrissant. On l'appelle l'*arbre de la vache*, et on nous assuroit que les nègres de la ferme, qui boivent abondamment de ce lait végétal, le regardent comme un aliment salutaire. Tous les sucs laiteux

[1] Las Tetas de Ilaria.

des plantes étant âcres, amers, et plus ou moins vénéneux, cette assertion nous parut très-extraordinaire. L'expérience nous a prouvé, pendant notre séjour à Barbula, qu'on ne nous avoit point exagéré les vertus du *Palo de Vaca*. Ce bel arbre a le port du Caimitier [1]. Les feuilles oblongues, terminées en pointe, coriaces et alternes, sont marquées de nervures latérales, saillantes par-dessous, et parallèles. Elles ont jusqu'à dix pouces de long. Nous n'avons pas vu la fleur; le fruit est peu charnu et renferme une et quelquefois deux noix. Lorsqu'on fait des incisions dans le tronc de l'*arbre de la vache*, il donne en abondance un lait gluant, assez épais, dépourvu de toute âcreté, et qui exhale une odeur de baume très-agréable. On nous en présenta dans des fruits de *Tutumo* ou Calebassier. Nous en avons bu des quantités considérables le soir avant de nous coucher et de grand matin, sans en éprouver aucun effet nuisible. La viscosité de ce lait le rend seule un peu désagréable. Les nègres et les gens

[1] Chrysophyllum Cainito. Voyez *Annales du Musée*, Tom. II, p. 180.

libres qui travaillent dans les plantations, le boivent en y trempant du pain de maïs et de manioc, l'*arepa* et la *cassave*. Le majordome de la ferme nous assura que les esclaves engraissent sensiblement pendant la saison où le *Palo de Vaca* leur fournit le plus de lait. Exposé à l'air, ce suc offre à la surface, peut-être par l'absorption de l'oxygène atmosphérique, des membranes d'une substance fortement animalisée, jaunâtre, filandreuse, semblable à une *matière caséiforme*. Ces membranes, séparées du reste du liquide plus aqueux, sont élastiques presque comme du caoutchouc : mais elles éprouvent, avec le temps, les mêmes phénomènes de la putréfaction, que la gélatine. Le peuple appelle *fromage* le caillot qui se sépare au contact de l'air : ce caillot s'aigrit dans l'espace de cinq à six jours, comme je l'ai observé dans les petites portions que j'en ai portées à Nueva Valencia. Le lait, renfermé dans un flacon bouché, avoit déposé un peu de *coagulum*; et, loin de devenir fétide, il a exhalé constamment une odeur balsamique. Mêlé à l'eau froide, le suc frais se coaguloit à peine;

mais la séparation des membranes visqueuses eut lieu lorsque je le mis en contact avec de l'acide nitrique. Nous avons envoyé à M. de Fourcroy, à Paris, deux bouteilles de ce lait. Dans l'une il étoit à son état naturel, dans l'autre il étoit mêlé avec une certaine quantité de carbonate de soude. Le consul de France, résidant à l'île Saint-Thomas, voulut bien se charger de cet envoi.

L'arbre extraordinaire dont nous venons de parler paroît propre à la *Cordillère du littoral*, sur-tout depuis Barbula jusqu'au lac de Maracaybo. Il en existe aussi quelques pieds près du village de San-Mateo, et, selon M. Bredemeyer, dont les voyages ont tant enrichi les belles serres de Schönbrun et de Vienne, dans la vallée de Caucagua, trois journées à l'est de Caracas. Ce naturaliste a trouvé, comme nous, le lait végétal du *Palo de Vaca* d'un goût agréable et d'une odeur aromatique. A Caucagua, les indigènes appellent l'arbre qui fournit ce suc nourrissant *arbre de lait*, *Arbol de leche*. Ils prétendent reconnoître, à l'épaisseur et à la couleur du feuillage, les troncs qui renferment le plus de sève, comme le pâtre distingue, à des signes extérieurs, une bonne vache laitière. Aucun botaniste n'a connu jusqu'ici l'existence de ce végétal, dont il sera facile de se procurer les parties de la fructification. Selon M. Kunth, il semble appartenir à la famille des *Sapotilliers* [1]. Ce n'est que long-temps après mon retour en Europe que j'ai trouvé, dans la *Description des Indes Orientales*, par le hollandois Læt, un passage qui paroît avoir rapport à l'arbre de la vache. « Il existe, dit Læt [2], dans la province de

---

[1] *Galactodendrum*, ex familia Sapotearum. Arbor 6-7—orgyalis. *Ramuli* teretes; glabri, juniores angulati, tenuissime canescenti-puberuli. *Gemmæ* terminales, subulatæ, convolutæ, sericeo-pubescentes. *Folia* alterna, petiolata, oblonga, utrinque rotundata, apice brevissime acuminata, integerrima, reticulato-venosa, venis primariis transversalibus paulo approximatis subparallelis nervoque subtus prominentibus, subcoriacea, glaberrima, exsiccata supra viridia, subtus aureo-fusca, novem aut decem pollices longa, vix quatuor pollices lata. *Petioli* crassi, canaliculati, glabri, 8 aut 9 lineas longi. *Stipulæ* nullæ. *Fructus* facie drupæ juglandis, carnosus, globosus, viridis, fœtus nucibus 1 aut 2, monospermis (Drupa? pluri—, arbotu uni-aut bilocularis: loculis monospermis?) *Kunth* in *Humb. et Bonpl.*, *Nov. Gen.*, Tom. III, ined.

[2] Inter arbores quæ sponte hic passim nascuntur,

Cumana, des arbres dont la sève ressemble à un lait coagulé, et offre une *nourriture salutaire*. »

J'avoue que, parmi le grand nombre de phénomènes curieux qui se sont présentés à moi pendant le cours de mes voyages, il y en a peu dont mon imagination ait été aussi vivement frappée que de l'aspect de l'*arbre de la vache*. Tout ce qui a rapport au lait, tout ce qui regarde les céréales nous inspire un intérêt qui n'est pas uniquement celui de la connoissance physique des choses, mais qui se lie à un autre ordre d'idées et de sentimens. Nous avons de la peine à concevoir que l'espèce humaine puisse exister sans subtances farineuses, sans le suc nourricier que renferme le sein de la mère et qui est approprié à la longue foiblesse de l'enfant. La matière amylacée des céréales, objet d'une vénération religieuse parmi tant de peuples anciens et

memorantur a scriptoribus hispanis quædam quæ lacteum quemdam liquorem fundunt, qui durus admodum evadit instar gummi et suavem odorem de se fundit; aliæ quæ *liquorem quemdam edunt, instar lactis coagulati, qui in cibis ab ipsis usurpatur sine noxa*. Descript. Ind. occ., Lib. 18, Cap. 4 (ed. 1633, p. 672.)

modernes, est répandue dans les graines, déposée dans les racines des végétaux ; le lait servant d'aliment, nous paroît exclusivement le produit de l'organisation animale. Telles sont les impressions que nous avons reçues dès notre première enfance, telle aussi est la source de l'étonnement qui nous saisit à l'aspect de l'arbre que nous venons de décrire. Ce ne sont point ici les superbes ombrages des forêts, ni le cours majestueux des fleuves, ni ces montagnes enveloppées d'éternels frimas, qui excitent notre émotion. Quelques gouttes d'un suc végétal nous rappellent toute la puissance et la fécondité de la nature. Sur le flanc aride d'un rocher croît un arbre dont les feuilles sont sèches et coriaces. Ses grosses racines ligneuses pénètrent à peine dans la pierre. Pendant plusieurs mois de l'année, pas une ondée n'arrose son feuillage. Les branches paroissent mortes et desséchées ; mais, lorsqu'on perce le tronc, il en découle un lait doux et nourrissant. C'est au lever du soleil que la source végétale est le plus abondante. On voit arriver alors de toutes parts les noirs et les indigènes munis de grandes

CHAPITRE XVI. 265

jattes pour recevoir le lait qui jaunit et s'épaissit à la surface. Les uns vident leurs jattes sous l'arbre même, d'autres les portent à leurs enfans. On croit voir la famille d'un pâtre qui distribue le lait de son troupeau.

Je viens de décrire les impressions que laisse dans l'esprit des voyageurs la première vue de *l'arbre de la vache*. La science, en examinant les propriétés physiques des substances animales et des substances végétales, nous les montre comme étroitement liées entre elles; mais elle dépouille de son merveilleux, et peut-être aussi d'une partie de son charme, ce qui excitoit notre étonnement. Rien ne paroît isolé; des principes chimiques que l'on croyoit propres aux animaux se retrouvent dans les plantes. Un lien commun enchaîne toute la nature organique.

Long-temps avant que les chimistes eussent reconnu de petites portions de cire dans le pollen des fleurs, le vernis des feuilles et la poussière blanchâtre de nos prunes et de nos raisins, les habitans des Andes de Quindiù fabriquoient des cierges avec la couche épaisse de cire qui enduit le tronc d'un Palmier [1]. Il y a peu d'années qu'on est parvenu à découvrir [2], en Europe, le *caseum*, la base du fromage, dans les émulsions d'amande; cependant, depuis des siècles, dans les montagnes côtières de Venezuela, on regarde le lait d'un arbre, et le fromage qui se sépare de ce lait végétal, comme un aliment salutaire. Quelle est la cause de cette marche singulière dans le développement de nos connoissances? Comment le peuple a-t-il reconnu dans un hémisphère ce qui, dans l'autre, a échappé si long-temps à la sagacité des chimistes accoutumés à interroger la nature et à la surprendre dans sa marche mystérieuse? C'est qu'un petit nombre d'élémens et de principes différemment combinés sont répandus dans plusieurs familles de plantes; c'est que les genres et les espèces de ces familles naturelles ne sont pas également répartis dans la zone équatoriale et dans les

---

[1] *Ceroxylon andicola* que nous avons fait connoître dans les Plantes équinoxiales, Tom. I, p. 9, Pl. I et II.
[2] Proust, dans le *Journ. de Phys.*, Tom LIV, p. 430. Boullay et Vogel, dans *Annales de Chimie et de Physique*, Tom. VI, p. 408.

zones froides et tempérées; c'est que des peuplades excitées par le besoin, et tirant presque toute leur nourriture du règne végétal, découvrent des principes nourrissans, des substances farineuses et alimentaires, par-tout où la nature les a déposés dans la sève, les écorces, les racines ou les fruits des végétaux. Cette fécule amylacée, qu'offrent dans toute sa pureté les graines des céréales, se trouve réunie à un suc âcre et quelquefois même vénéneux dans les racines des Arum, du Tacca pinnatifida et du Jatropha Manihot. Le sauvage de l'Amérique, comme celui des îles de la mer du Sud, a appris à *dulcifier* la fécule, en la comprimant et en la séparant de son suc. Dans le lait des plantes et les émulsions laiteuses, des matières éminemment nourrissantes, l'albumine, le caseum et le sucre, sont mêlés à du caoutchouc et à des principes caustiques et délétères, tels que la morphine [1] et l'acide hydrocyanique. Ces mélanges varient non seulement dans les différentes familles, mais aussi dans les espèces qui

[1] L'opium contient de la morphine, du caoutchouc, etc.

appartiennent à un même genre. Tantôt c'est la morphine ou le principe narcotique qui caractérise le lait végétal, comme dans quelques Papavéracées; tantôt le Caoutchouc, comme dans l'Hevea et le Castilloa; tantôt l'albumine et le *caseum*, comme dans le Papayer et *l'arbre de la vache*.

Les plantes lactescentes appartiennent sur-tout aux trois familles des Euphorbiacées, des Urticées et des Apocinées[1], et comme, en examinant la distribution des formes végétales sur le globe, nous trouvons que ces trois familles sont plus nombreuses en espèces dans la région basse des tropiques, nous devons en conclure qu'une température très-élevée contribue à l'élaboration des sucs laiteux, à la formation du caoutchouc, de l'albumine et de la ma-

---

[1] Après ces trois grandes familles, viennent les Papavéracées, les Chicoracées, les Lobéliacées, les Campanulacées, les Sapotées et les Cucurbitacées. L'acide hydrocyanique est propre au groupe des Rosacées-Amygdalées. Dans les plantes monocotyledonées, il n'y a pas de suc laiteux, mais le périsperme des palmiers, qui donne des émulsions laiteuses si douces et si agréables, renferme sans doute du *caseum*. Qu'est-ce que le lait des champignons?

tière caseuse. La sève du *Palo de Vaca* nous offre sans doute l'exemple le plus frappant d'un lait végétal dans lequel le principe âcre et délétere n'est pas uni à l'albumine, au caseum et au caoutchouc : cependant, les genres Euphorbia et Asclepias, si généralement connus par leurs propriétés caustiques, offroient déja des espèces dont le suc est doux et innocent. Telles sont le *Tabayba dulce* des îles Canaries, dont nous avons parlé ailleurs [1], et l'Asclepias lactifera de Ceylan. Burman rapporte qu'à défaut de lait de vache, on se sert, dans le pays, du lait de cette dernière plante, et que l'on fait cuire avec ses feuilles les alimens que l'on prépare ordinairement avec du lait animal. On peut espérer qu'un voyageur profondément versé dans les connoissances chimiques, M. John Davy, éclaircira ce fait pendant son séjour à l'île de Ceylan; car il seroit possible, comme l'observe très-bien M. de Candolle, que les indigènes em-

---

[1] Euphorbia balsamifera. *Voyez* plus haut, p. 90. Le suc laiteux du Cactus mamillaris est également doux. (*De Candolle, Essai sur les propr. médic. des plantes*, p. 156.)

ployassent seulement le suc qui découle de la jeune plante à une époque où le principe âcre n'est point encore développé. On mange, en effet, dans divers pays, les premières pousses des Apocynées [1].

J'ai essayé, par ces rapprochemens, de faire considérer, sous un point de vue plus général, les sucs laiteux qui circulent dans les végétaux et les émulsions laiteuses que donnent les fruits des Amygdalées et des Palmiers. Il me sera permis d'ajouter à ces considérations les résultats de quelques expériences que j'ai tenté de faire sur le suc du Carica Papaya pendant mon séjour dans les vallées d'Aragua, quoique je fusse alors presque entièrement dépourvu de réactifs. Le même suc a été examiné depuis par M. Vauquelin [2]. Ce chimiste célèbre a très-bien reconnu l'albumine et la matière caséiforme; il compare la sève laiteuse à une substance fortement animalisée, au sang des animaux, mais il n'a pu soumettre à ses recherches

---

[1] *L. c.*, p. 215.

[2] Vauquelin et Cadet de Gassicourt, dans les *Annales de Chimie*, Tom. XLIII, p. 275; Tom. XLIX, p. 250 et 304.

qu'un suc fermenté et un *coagulum* d'odeur fétide formé pendant la traversée du navire de l'île de France au Hâvre. Il a exprimé le vœu qu'un voyageur puisse examiner le lait du Papayer au moment où il découle de la tige ou du fruit.

Plus le fruit du Carica est jeune, et plus il donne de lait ; on en trouve déjà dans le germe à peine fécondé. A mesure que le fruit mûrit, le lait, moins abondant, devient plus aqueux. On y trouve moins de cette matière animale *coagulable* par les acides et l'absorption de l'oxygène atmosphérique. Comme tout le fruit est visqueux[1], on pourroit croire qu'à mesure qu'il grossit, la matière *coagulable* est déposée dans les organes et forme en partie la pulpe ou la substance charnue. Lorsqu'on verse goutte à goutte l'acide nitrique, étendu de quatre

---

[1] C'est cette viscosité que l'on remarque aussi dans le lait frais du *Palo de Vaca*. Elle tient sans doute au caoutchouc qui n'est point encore séparé, et qui forme une même masse avec l'albumine et le *caseum*, comme le beurre et le *caseum* dans le lait animal. Le suc d'une Euphorbiacée, le Sapium aucuparium, qui donne aussi du caoutchouc, est si gluant, qu'on s'en sert pour prendre les perroquets. (*De Candolle, l. c.*, p. 263.)

parties d'eau, dans le lait exprimé d'un fruit très-jeune, on aperçoit le phénomène le plus extraordinaire. Il se forme au centre de chaque goutte une pellicule gélatineuse divisée par des stries grisâtres. Ces stries ne sont autre chose que le suc rendu plus aqueux, parce que le contact de l'acide lui a fait perdre l'albumine. En même temps, le centre des pellicules devient opaque et d'une couleur jaune d'œuf. Elles s'agrandissent comme par le prolongement de fibres divergentes. Tout le liquide offre d'abord l'aspect d'une agate à nuages laiteux, et l'on croit voir naître sous ses yeux des membranes organiques. Lorsque le *coagulum* s'étend sur la masse entière, les taches jaunes disparoissent de nouveau. En le remuant, on le rend grenu comme du fromage mou[1]. La couleur jaune reparoît lorsqu'on

---

[1] Ce qui se précipite en grumeaux et en caillots filandreux n'est pas du caoutchouc pur, mais peut-être un mélange de cette substance avec du *caseum* et de l'albumine. Les acides précipitent le caoutchouc de la sève laiteuse des Euphorbes, des figuiers et de l'Hevea; ils précipitent le *caseum* du lait des animaux. Un *coagulum* blanc s'est formé dans des flacons *entièrement bouchés* renfermant le lait de l'Hevea, et conservés

y verse de nouveau quelques gouttes d'acide nitrique. L'acide agit ici comme le contact de l'oxygène de l'atmosphère, à la température de 27° à 35°; car le coagulum blanc jaunit en deux ou trois minutes, lorsqu'on l'expose au soleil. Après quelques heures, la couleur jaune passe au brun, sans doute parce que le carbone devient plus libre à mesure que l'hydrogène avec lequel il étoit combiné est brûlé. Le *coagulum* formé par l'acide devient visqueux et prend cette odeur de cire que j'ai observée en traitant de la chair musculaire et des champignons (morilles) par l'acide nitrique[1]. D'après les

parmi nos collections, pendant notre voyage à l'Orénoque. C'est peut-être le développement d'un acide végétal qui fournit alors l'oxygène à l'albumine. La formation du *coagulum* de l'Hevea ou d'un véritable caoutchouc est cependant beaucoup plus rapide au contact de l'air. L'absorption de l'oxygène atmosphérique n'est aucunement nécessaire pour la production du beurre qui se trouve tout formé dans le lait des animaux; mais je pense qu'on ne sauroit douter que, dans le lait des plantes, cette absorption produit les pellicules du caoutchouc, de l'albumine coagulée et du *caseum* qui se forment successivement dans des vases exposés à l'air.

[1] Voyez mes *Expér. sur la fibre irritable et nerveuse* (en allemand). Tom. I, p. 177.

belles expériences de M. Hatchett, on peut supposer que l'albumine passe en partie à l'état de gélatine [1]. Jeté dans l'eau, le *coagulum* du Papayer, fraîchement préparé, se ramollit, se dissout en partie, et donne une teinte jaunâtre à l'eau. Le lait, mis en contact avec de l'eau seule, forme aussi des membranes. Il se précipite à l'instant une gelée tremblante, semblable à l'amidon. Ce phénomène est sur-tout bien frappant, si l'eau qu'on emploie est chauffée jusqu'à 40° ou 60°. La gelée se condense à mesure qu'on y verse plus d'eau. Elle conserve long-temps sa blancheur, et ne jaunit que par le contact de quelques gouttes d'acide nitrique. Guidé par l'expérience de MM. Fourcroy et Vauquelin, sur le suc de l'Hevea, j'ai mêlé au lait du Papayer une dissolution de carbonate de soude. Il ne se forme pas de caillot, même lorsqu'on verse de l'eau pure sur le mélange du lait et de la dissolution alcaline. Les membranes ne paroissent que lorsqu'en ajoutant un acide on neutralise la soude, et qu'il y a surabondance d'acide. J'ai fait de

---

[1] *Voyez* mes Exp. *sur la fibre irritable et nerveuse* (en allemand). Tom. I, p. 177.

même disparoître le *coagulum* formé par l'acide nitrique, par le jus de citron ou par l'eau chaude, en le mélant avec du carbonate de soude. La sève redevient laiteuse et liquide comme dans son état primitif ; mais cette expérience ne réussit que lorsque le coagulum a été récemment formé.

En comparant les sucs laiteux du Papayer, de *l'arbre de la vache* et de l'Hevéa, on trouve une analogie frappante entre les sucs qui abondent en matière caséiforme et ceux dans lesquels domine le caoutchouc. Tous les caoutchoucs blancs et fraîchement préparés, de même que les *manteaux imperméables*[1] que l'on fabrique dans l'Amérique espagnole, en plaçant une couche de lait d'Hevéa entre deux toiles, exhalent une odeur animale et nauséabonde. Elle paroît indiquer que le caoutchouc, en se coagulant, entraîne avec lui le *caseum* qui n'est peut-être qu'une albumine altérée [2].

Le fruit de *l'arbre à pain* n'est pas plus du pain que ne le sont les bananes avant

[1] *Ponchos y Ruanas encauchadas entre dos telas.*
[2] *Voyez* la note B à la fin du livre V.

leur état de maturité, ou les racines tubéreuses et amylacées du manioc, du Dioscorea, du Convolvulus Batatas et de la pomme de terre. Le lait de *l'arbre de la vache*, au contraire, renferme la matière caséiforme, comme le lait des mammifères. En nous élevant à des considérations plus générales, nous regarderons, avec M. Gay-Lussac, le caoutchouc comme la partie huileuse, le beurre du lait végétal. Nous trouvons, dans le lait des plantes, du *caseum* et du *caoutchouc*; dans le lait des animaux, du *caseum* et du *beurre*. Les deux principes albumineux et huileux diffèrent de proportion dans les diverses espèces d'animaux et de plantes lactescentes. Dans ces dernières, ils sont le plus souvent mêlés à d'autres substances nuisibles comme alimens, mais que l'on parviendroit peut-être à séparer par des procédés chimiques. Un lait végétal devient nourrissant, lorsqu'il est dépourvu de principes âcres et narcotiques, et qu'il abonde, moins en caoutchouc qu'en matière caséiforme.

Si le *Palo de Vaca* nous découvre l'immense fécondité et la bienfaisance de la nature sous la zone torride, il nous rappelle aussi les causes nombreuses qui favorisent, dans ces beaux climats, l'insouciante indolence de l'homme. Mungo-Parck nous a fait connoître l'*arbre de beurre* du Bambarra, que M. De Candolle soupçonne être de la famille des Sapotées, comme notre *arbre de lait*. Les Bananiers, les Sagoutiers, les *Mauritia* de l'Orénoque, sont des *arbres à pain* comme la Rima de la mer du Sud. Les fruits du Crescentia et du Lecythis servent de vases; des spathes de Palmiers et des écorces d'arbres offrent des bonnets et des vêtemens sans couture. Les nœuds, ou plutôt les cloisons intérieures du tronc des bambousiers, fournissent des échelles et facilitent, de mille manières, la construction d'une cabane, la fabrication des chaises, des lits et des autres meubles qui font la richesse du sauvage. Au milieu d'une végétation si abondante, si variée dans ses productions, il faut des motifs bien puissans pour exciter l'homme au travail, pour le réveiller de sa léthargie, pour développer ses facultés intellectuelles.

On cultive, à Barbula, le cacaoyer et le

cotonnier. Nous y trouvâmes, ce qui est bien rare dans ce pays, deux grandes machines à cylindres pour séparer le coton de sa graine ; l'une, mue par une roue hydraulique, l'autre par un baritel et des mulets. Le majordome de la ferme, qui avoit construit ces machines, étoit natif de Mérida. Il connoissoit la route qui conduit de Nueva Valencia, par Guanare et Misagual, à Varinas, et de là, par le ravin des Callejones, au Paramo des Mucuchies, et les montagnes de Merida, couvertes de neiges éternelles. Les notions qu'il nous donna sur le temps nécessaire pour aller de Valencia par Varinas à la *Sierra Nevada*, et de là, par le port de Torunos et le Rio Santo-Domingo, à San-Fernando de Apure, nous devenoient infiniment précieuses. On ne sauroit s'imaginer, en Europe, combien il est difficile d'acquérir des renseignemens exacts, dans un pays où les communications sont si peu fréquentes, et où l'on se plaît à diminuer ou à exagérer la longueur des distances, selon qu'on a le désir d'encourager le voyageur, ou de le détourner de ses projets. En partant de Caracas, j'avois placé des fonds entre les mains de l'intendant de la province, pour être payés par les officiers de la trésorerie royale, à Varinas. J'avois résolu de visiter l'extrémité orientale des Cordillères de la Nouvelle-Grenade, là où elles se perdent dans les Paramos de Timotes et de Niquitao. J'appris, à Barbula, que cette excursion retarderoit de trente-cinq jours notre arrivée à l'Orénoque. Ce retard nous parut d'autant plus long, qu'on s'attendoit à voir commencer les pluies plus tôt qu'à l'ordinaire. Nous avions l'espoir d'examiner, dans la suite, un grand nombre de montagnes couvertes de neiges perpétuelles, à Quito, au Pérou et au Mexique; et il me parut d'autant plus prudent d'abandonner le projet de visiter les montagnes de Merida, que nous devions craindre de perdre le véritable but de notre voyage, celui de fixer, par des observations astronomiques, le point de communication de l'Orénoque avec le Rio Negro et la rivière des Amazones. Nous retournâmes par conséquent de Barbula à Guacara, pour prendre congé de la famille respectable du marquis del Toro; et pour passer encore trois jours sur les bords du lac.

C'étoient les jours gras. Tout respiroit la gaieté. Les jeux auxquels on se livre, et que l'on appelle jeux de *carnes tollendas*, prennent quelquefois un caractère un peu sauvage. Les uns conduisent un âne chargé d'eau; et par-tout où il se trouve une croisée ouverte, ils arrosent l'intérieur des appartemens au moyen d'une pompe. D'autres ont des cornets remplis de poil de *Picapica* ou de Dolichos pruriens; ils soufflent ce poil, qui cause une forte démangeaison sur la peau, à la figure des passans.

De Guacara, nous retournâmes à Nueva Valencia [1]. Nous y trouvâmes quelques émigrés françois, les seuls que nous ayons

---

[1] J'ai trouvé la latitude de Hacienda de Cura, un des points les mieux déterminés 10° 15' 40"; celle de Guacara 10° 11' 23"; celle de Nueva Valencia 10° 9' 56". (*Obs. astr.*, Tom. I, p. 199-204 et 207-209.) La déclinaison de l'aiguille aimantée étoit, à Hacienda de Cura, le 17 février 1800, de 4° 48' 50" N. E. L'inclinaison magnétique fut trouvée à Hacienda de Cura 41°, 20; à Nueva Valencia 41°, 75. Les oscillations étoient dans ces deux endroits, en dix minutes de temps, 230 et 224. Nous fîmes toutes ces observations en plein air, loin de tout édifice. (*Voyez* plus haut, Chap. xv, p. 54.)

vus pendant cinq ans dans les colonies espagnoles. Malgré les liens du sang qui unissent les familles royales de France et d'Espagne, il n'étoit pas même permis aux prêtres françois de se refugier dans cette partie du Nouveau-Monde où l'homme trouve si facilement de la nourriture et de l'abri. Au-delà de l'Océan, les États-Unis de l'Amérique offroient le seul asyle au malheur. Un gouvernement qui est fort parce qu'il est libre, confiant parce qu'il est juste, ne pouvoit craindre d'accueillir les proscrits.

Nous avons tâché de donner plus haut quelques notions précises sur l'état de la culture de l'indigo, du coton et du sucre dans la province de Caracas. Avant de quitter la vallée d'Aragua et les côtes voisines, il nous reste à parler des cacaoyères qui, de tout temps, ont été regardées comme la source principale de la prospérité de ces contrées. La province de Caracas[1] produisoit, à la fin du dix-hui-

---

[1] La province, non la Capitainerie générale, en excluant par conséquent les cacaoyères de Cumana de la province de Barcelona, de Maracaybo, de Varinas et de la Guyane Espagnole. Pendant la guerre, en 1800,

tième siècle, annuellement 150,000 *fanegas*, dont 30,000 sont consommées dans la province et 100,000 en Espagne. En évaluant une *fanega* de cacao, prix de Cadix, seulement à 25 piastres, on trouve que la valeur totale des exportations de cacao, par les six ports de la *Capitania general* de Caracas [1], s'élève à 4,800,000 piastres. Un objet de commerce aussi important mérite d'être discuté avec soin; et je me flatte, d'après le grand nombre de matériaux que j'ai recueillis sur toutes les branches de l'agriculture coloniale, de pouvoir ajouter encore aux renseignemens que M. Depons a publiés dans son estimable ouvrage sur les provinces de Venezuela.

L'arbre qui produit le cacao n'est pas

le prix d'une *fanega* étoit, dans la province de Caracas, de 12 piastres, et, en Espagne, de 70 piastres. De 1781 à 1799, on a vu varier les prix d'une *fanega*, à Cadix, de 40 à 100 piastres. Les frais de transport de la Guayra à Cadix s'élèvent, en temps de paix, à 3 piastres; en temps de guerre, à 11 ou 12 piastres par *fanega*. En temps de paix, le prix du cacao est, à Caracas, de 12 à 20 piastres la *fanega*.

[1] Saint-Thomas de la Nouvelle-Guyane ou Angostura, Cumana, Nueva Barcelona, La Guayra, Porto-Cabello et Maracaybo.

sauvage aujourd'hui dans les forêts de la
Terre-Ferme, au nord de l'Orénoque : nous
n'avons commencé à le trouver qu'au-delà
des cataractes d'Atures et de Maypures. Il
abonde sur-tout près des rives du Ven-
tuari et dans le Haut-Orénoque, entre le
Padamo et le Gehette. Cette rareté de cacaoyers sauvages dans l'Amérique méridionale, au nord du parallèle de 6°, est un
phénomène de la géographie botanique,
très-curieux et peu connu jusques ici. Ce
phénomène paroît d'autant plus frappant
que, d'après le produit annuel des récoltes,
on évalue, à plus de 16 millions, le nombre d'arbres en plein rapport dans les cacaoyères de Cumana, de Nueva-Barcelona,
de Venezuela, de Varinas et de Maracaybo.
Le cacaoyer sauvage est très-branchu et
couvert d'un feuillage touffu et sombre. Il
porte un fruit extrêmement petit, semblable à la variété que les anciens Mexicains
appeloient *Tlalcacahuatl*. Transplanté dans
les *conucos* des Indiens du Cassiquiare et
du Rio Negro, l'arbre sauvage conserve,
pendant plusieurs générations, cette force
de la vie végétale qui le fait porter dès

fruits dès la quatrième année; tandis que, dans la province de Caracas, les récoltes ne commencent que la sixième, la septième ou la huitième année. Elles y sont plus tardives dans l'intérieur des terres que sur les côtes et dans la vallée de Guapo. Nous n'avons rencontré aucune tribu de l'Orénoque qui prépare une boisson avec la graine du cacaoyer. Les sauvages sucent la pulpe de la gousse, et rejettent les graines que l'on trouve souvent accumulées là où ils ont bivouaqué. Quoique sur la côte on regarde le *chorote*, qui est une infusion de cacao extrêmement foible, comme une boisson très-ancienne, aucun fait historique ne prouve que les indigènes de Venezuela aient connu le chocolat ou une préparation quelconque de cacao avant l'arrivée des Espagnols. Il me paroît plus probable que les plantations de cacaoyers de Caracas ont été faites à l'imitation de celles du Mexique et de Guatimala, et que les Espagnols, habitans de la Terre-Ferme, ont appris la culture du cacaoyer, abrité dans sa jeunesse par le feuillage de l'Erythrina et du Bananier [1],

[1] Ce procédé des cultivateurs mexicains, exactement

la fabrication des tablettes de *chocolat* et l'usage de la boisson du même nom, par leurs communications avec le Mexique, avec Guatimala et Nicaragua, trois pays dont les habitans étoient d'origine toltèque et aztèque.

Jusqu'au seizième siècle, les voyageurs différoient beaucoup dans le jugement qu'ils portoient sur le *chocolat.* Benzoni, dans son style naïf, dit que c'est plutôt une boisson *da porci, che da huomini*[1]. Le jésuite Acosta[2] assure que « les Espagnols qui habitent l'Amérique aiment le chocolat jusqu'à la folie, mais qu'il faut être accoutumé à ce *noir breuvage* pour ne pas avoir des nausées à la simple vue de l'écume qui surnage comme la lie d'une liqueur fermentée. » Il ajoute : « le cacao est un préjugé (*una supersticion*) des Mexicains, comme le coca

---

suivi à la côte de Caracas, est déja décrit dans les mémoires qui sont connus sous le titre de *Relazione di certo gentiluomo del Signor Cortès, conquistatore del Messico.* (*Ramusio*, Tom. II, p. 134).

[1] *Girolamo Benzoni, Milanese, Hist. del Mondo Nuovo*, 1572, p. 104.

[2] *Hist. Nat. de Indias*, Lib. *IV*, c. 22 (éd. de 1589), p. 251.

est un préjugé des Péruviens. » Ces jugemens rappellent la prédiction de madame de Sévigné sur l'usage du café. Fernand Cortez et son page, le *gentil-hombre del gran Conquistador*, dont Ramusio a publié les mémoires, vantent, au contraire, le chocolat, non-seulement comme une boisson agréable, quoique préparée à froid [1], mais sur-tout comme une substance alimentaire. » Celui qui en a bu une tasse, dit le page d'Hernan Cortez, peut voyager toute une journée sans autre aliment, sur-tout dans les climats très-chauds; car le *chocolat, par sa nature, est froid et rafraîchissant.* » Nous ne souscrirons pas à la dernière partie de cette assertion; mais nous aurons bientôt occasion, dans notre navigation sur l'Orénoque et dans nos excursions vers la cime des Cordillères, de célébrer les propriétés salutaires du chocolat. Également facile à transporter et à employer comme aliment, il renferme dans un petit

[1] Le père Gili a très-bien prouvé, par deux passages de Torquemada (*Monarquia Indiana*, Lib. *XIV*, cap. 14 et 42), que les Mexicains faisoient l'infusion *à froid*, et que ce sont les Espagnols qui ont introduit l'usage de préparer le chocolat en faisant bouillir de l'eau avec la pâte de cacao.

volume beaucoup de parties nutritives et excitantes. On a dit avec raison qu'en Afrique, le riz, la gomme et le beurre de *shea* aident l'homme à traverser les déserts. Dans le Nouveau-Monde, le chocolat et la farine de maïs lui ont rendu accessibles les plateaux des Andes et de vastes forêts inhabitées.

La récolte du cacao est extrêmement variable. L'arbre végète avec une telle force que les fleurs sortent jusque des racines ligneuses, par-tout où la terre les laisse à découvert. Il souffre des vents du nord-est, lors même que ces vents ne font baisser la température que de quelques degrés. Les averses, qui tombent irrégulièrement après la saison des pluies pendant les mois d'hiver, de décembre à mars, sont aussi très-nuisibles au cacaoyer. Il arrive souvent que dans une heure, le propriétaire d'une plantation de 50,000 pieds perd pour plus de quatre à cinq mille piastres de cacao. Une grande humidité n'est utile à l'arbre que lorsqu'elle augmente progressivement et que pendant long-temps elle n'est point interrompue. Si, dans le temps des sécheresses, les feuilles et le jeune fruit sont mouillés par une forte ondée, le fruit se détache de la tige. Il paroît que les vaisseaux qui absorbent l'eau se brisent par l'effet d'une *turgescence*. Si la récolte du cacao est des plus incertaines, à cause des effets funestes de l'intempérie des saisons et du grand nombre de vers, d'insectes, d'oiseaux et de mammifères [1], qui dévorent la gousse du cacaoyer; si cette branche de culture a le désavantage de ne faire jouir le nouveau planteur du fruit de ses travaux qu'après huit ou dix ans et de donner une denrée d'une conservation très-difficile [2], il ne faut point oublier aussi que les cacaoyères exigent un moindre nombre d'esclaves que la plupart des autres cultures. Cette considération est d'une haute importance à une époque où tous les peuples de l'Europe ont noblement résolu de mettre fin à la traite des noirs. Un esclave suffit pour mille pieds,

---

[1] Les perroquets, les singes, les agoutis, les écureuils, les cerfs. (Voyez Depons, Tom. II, p. 182-204.)

[2] *Voyez* plus haut, Chap. VIII, Tom. III, p. 241. Le cacao de Guayaquil se conserve beaucoup mieux que celui de Caracas.

qui peuvent produire, année moyenne, 12 *fanegas* de cacao. Il est vrai qu'à l'île de Cuba, une *grande* plantation de canne à sucre, qui a 300 noirs, donne, année moyenne, 40,000 *arrobas* de sucre, dont la valeur, à 40 piastres la caisse [1], est de 100,000 piastres, et qu'on ne produit aussi dans les provinces de Venezuela pour 100,000 piastres de cacao ou 4000 *fanegas*, lorsque la *fanega* est à 25 piastres, qu'avec un nombre de 300 à 330 esclaves. Les 200,000 caisses de sucre à 3,200,000 arrobas [2], qu'a exportées annuellement l'île de Cuba, de 1812 à 1814, ont une valeur de 8 millions de piastres, et pourroient être fabriquées avec 24,000 esclaves, *si l'île n'avoit que de très-grandes plantations*; mais cette supposition n'est pas conforme à l'état de la colonie et à la nature des choses. L'île de Cuba employoit, en 1811, dans les champs seuls 143,000 esclaves ; tandis que la *Capitania general* de Caracas, qui

---

[1] Une caisse (*caxa*) pèse 15½ à 16 arrobas, chaque arroba à 25 livres espagnoles.

[2] Les *haciendas* de Choroni, Ocumare, Chuao, Turiamo, Guayguaza.

Relat. hist. T. 5. 19

produit, mais n'exporte pas 200,000 *fanegas* de cacao par an, ou pour la valeur de 5 millions de piastres, n'a dans les villes et dans les champs que 60,000 esclaves. Il est presque superflu d'ajouter que ces résultats varient avec les prix du sucre et du cacao.

Les plus belles plantations de cacao se trouvent dans la province de Caracas le long de la côte, entre Caravalleda et l'embouchure du Rio Tocuyo[1], dans les vallées de Caucagua, Capaya, Curiepe et Guapo; dans celles de Cupira, entre le cap Codera et le cap Unare, près d'Aroa, Barquesimeto, Guigue et Uritucu. C'est le cacao qui croît sur les rives de l'Uritucu, à l'entrée des Llanos, dans la juridiction de San-Sebastian de los Reyes, qui est considéré comme de la première qualité. Après le cacao d'Uritucu viennent ceux de Guigue, de Caucagua, de Capaya et de Cupira. Dans le commerce de Cadix, on assigne au cacao de Caracas le premier rang, immédiatement après celui de So-

---

[1] Les deux provinces de Caracas et de Nueva Barcelona se disputent ce terrain extrêmement fertile.

comusco. Son prix est généralement de 30 à 40 pour cent supérieur à celui de Guayaquil.

Ce n'est que depuis le milieu du dix-septième siècle que les Hollandois, tranquilles possesseurs de l'île de Curaçao, ont réveillé, par le commerce de contrebande, l'industrie agricole des habitans des côtes voisines, et que le cacao est devenu un objet d'exportation dans la province de Caracas. Nous ignorons tout ce qui s'est passé dans ces régions avant l'établissement de la compagnie des Biscayens de Guipuzcoa, en 1728. Aucune donnée statistique exacte ne nous est parvenue; nous savons seulement que l'exportation du cacao de Caracas étoit, au commencement du dix-huitième siècle, à peine de 30,000 *fanegas* par an. De 1730 à 1748, la compagnie envoya en Espagne 858,978 *fanegas*, ce qui fait, année moyenne, 47,700 *fanegas*. Le prix de la *fanega* baissa, en 1732, à 45 piastres, tandis qu'il s'étoit soutenu auparavant à 80 piastres ! En 1763, la culture avoit déja tellement augmenté que l'exportation s'éleva à 80,659 *fane-*

gas [1]. D'après les registres de la douane de la Guayra, que je possède, la sortie étoit, sans compter le produit du commerce illicite,

en 1789 de 103,655 *fanegas*
1792 — 100,592
1794 — 111,133
1796 — 75,538
1797 — 70,832

Dans une pièce officielle, tirée du ministère des finances [2], « le produit annuel (la *cosecha*) de la province de Caracas est évalué à 135,000 *fanegas* de cacao, dont 33,000 pour la consommation intérieure, 10,000 pour d'autres colonies espagnoles, 77,000 pour la métropole, 15,000 pour le commerce illicite avec les colonies françoises, angloises, hollandoises et danoises. De 1789 à 1793, l'importation du cacao de Caracas en Espagne a été, année moyenne, de

[1] De ces 80,659 *fanegas*, on en envoya 50,319 directement en Espagne, 16,364 à la Vera-Cruz, 11,160 pour les îles Canaries et 2316 pour les Antilles.

[2] Rapport (*manuscrit*) du comte de Casa-Valencia, conseiller au département des Indes, à don Pedro Varela, ministre de *Real Hacienda*, sur le commerce de Caracas, le 13 juin 1797 (*fol.* 46).

77,719 *fanegas*, dont 65,766 ont été consommées dans le pays, et 11,953 exportées en France, en Italie et en Allemagne [1]. »

[1] D'après les registres des ports d'Espagne, l'importation du cacao de Caracas a été, dans la péninsule,

en 1789 de... 78,406 *fanegas* 88 *libr.*
1790 ..... 74,089 ——— 3
1791 ..... 71,500 ——— 43
1792 ..... 87,656 ——— 34
1793 ..... 76,983 ——— 4

année moyenne :
77,719 *fanegas*.

De ces 77,719 *fanegas*, il en a été consommé 60,202 dans les provinces d'Espagne non privilégiées (*provincias contribuyentes*), et 5564 dans les provinces privilégiées (*provincias exemptas*), comme la Navarre, la Biscaye, etc. L'exportation hors d'Espagne a été,

en 1789 de... 13,718 *fanegas* 98 *libr.*
1790 ..... 6,421 ——— 80
1791 ..... 21,446 ——— 17
1792 ..... 17,452 ——— 48
1793 ..... 728 ——— 23

année moyenne :
11,953 *fanegas*.

Comme, dans le système compliqué des douanes espagnoles, le cacao de Caracas paie des droits très-différens, s'il est consommé dans la péninsule ou s'il est exporté hors du royaume (dans le premier cas $52\frac{1}{2}$, dans le second $29\frac{1}{2}$ pour cent), beaucoup de cacao est réimporté en Espagne.

D'après des renseignemens nombreux que j'ai pris sur les lieux, ces évaluations sont encore un peu trop basses. Les registres de la douane de la Guayra seuls donnent, année moyenne, en temps de paix, une exportation de 80,000 à 100,000 *fanegas*. On peut hardiment augmenter cette somme d'un quart ou d'un cinquième, à cause du commerce illicite avec l'île de la Trinité et les autres Antilles. Il me paroît probable que, de 1800 à 1806, dernière époque de la tranquillité intérieure des colonies espagnoles, le produit annuel des cacaoyères de la *Capitania general* de Caracas a été au moins de 193,000 *fanegas*, dont

de la province de Caracas,........ 150,000
de Maracaybo 20,000
de Cumana 18,000
de Nueva Barcelona 5,000

Les récoltes, qui se font deux fois l'année, à la fin de juin et de décembre, varient beaucoup, moins cependant que celles de l'olivier et de la vigne en Europe. Des 193,000 *fanegas* de cacao que produit la *Capitania general* de Caracas, 145,000 refluent en Europe, tant par les ports de

CHAPITRE XVI.

la péninsule que par le commerce de contrebande.

Je crois pouvoir prouver [1] (et ces évalua-

---

[1] *Voyez*, sur les fondemens de ces évaluations si importantes pour toutes les recherches d'économie politique, mon *Essai* sur la *Nouv. Esp.*, Tom. II, p. 431, 435, 436, 658; les tableaux des exportations de Canton, dans *Sainte-Croix*, *Voyage commercial aux Indes orientales*, Tom. III, p. 153, 161, 170; *Colquhoun, on the Wealth of the British Empire*, p. 331, 334; et dans cette *Relation historique*, Tom. II, p. 37. Les Antilles angloises exportoient, en sucre, dans toutes les parties du monde, en 1812, plus de 233,000 *hogsheads* (à 14 cwt.) ou 326 millions de livres, dont la Jamaïque seule (avec 350,000 nègres), fournissoit 189 millions de livres. Le produit de Cuba et celui de Saint-Domingue ont été évalués ensemble à 120 millions de livres de sucre. Lorsque nous évaluons la consommation européenne du cacao à 23 millions, celle du sucre à 450 millions de livres, nous croyons donner des nombres exacts à $\frac{1}{5}$ près. Ce degré d'exactitude peut être atteint, si l'on discute avec soin l'exportation des pays *qui fournissent la majeure quantité* de cacao et de sucre au commerce européen; par exemple, pour le cacao, l'exportation des ports de la Terre-Ferme, de Guayaquil et de Guatimala ; pour le sucre, celle des îles Antilles angloises, espagnoles et françoises. Nous rappellerons, à cette occasion, que la consommation du sucre est indiquée dans les tableaux statistiques de la France, pour 1800, de 51 millions de livres : elle a été, en 1817, de 56,400,000 livres.

tions sont les résultats d'un grand nombre de données partielles) que l'Europe consomme dans l'état actuel de sa civilisation :

23 millions de livres de cacao à 120 francs les 100 liv............ 27,600,000 fr.
32 millions de livres de thé à 4 fr. la liv....... 128,000,000
140 millions de livres de café à 114 fr. les 100 liv. 159,600,000
450 millions de livres de sucre à 54 fr. les 100 liv. 243,000,000

Valeur totale [1] .... 558,200,000 fr.

[1] En 1818, le prix du *cacao* a été à Londres, pour le cacao de Caracas, 6 l. à 6 l. 10 sh.; pour les cacao des qualités inférieures, 4 l. 10 sh. à 3 l. 10 sh. les 100 livres pesant. Le *café* a été, les 100 livres, prix moyen, à 95 sh.; le *sucre*, à 40 et 50 sh. Les prix de ces deux productions ont considérablement augmenté, peut-être de 25 à 30 pour cent, depuis la publication de l'ouvrage de M. Colquhoun. Il a été difficile de s'arrêter à une donnée générale pour le prix du *thé*, à cause des différences si grandes qu'offrent les diverses qualités. L'importation du sucre de l'Inde n'a été, à Londres, en 1817, que de 50,000 *bags* ou 5,500,000 livres. Pour se former une idée plus claire de l'importance du commerce européen en sucre, en café, en thé et en cacao, nous rappellerons ici que la valeur de toutes les importations de l'Angleterre a été, de 1805 à 1810, année moyenne, de 1200 millions de francs.

De ces quatre productions, qui sont devenues depuis deux à trois siècles les objets principaux du commerce et de l'industrie coloniale, la première appartient exclusivement à l'Amérique, la seconde à l'Asie. Je dis exclusivement, car l'exportation du cacao des îles Philippines est encore aussi peu importante que les essais qu'on a faits de cultiver le thé au Brésil, à la Trinité et à la Jamaïque. De tout le cacao qui se consomme dans la partie occidentale et méridionale de l'Europe, les provinces réunies de Caracas en fournissent près des deux tiers. Ce résultat est d'autant plus remarquable qu'il est contraire à ce que l'on croit généralement ; mais les cacao de Caracas, de Maracaybo et de Cumana ne sont pas tous de la même qualité. Nous venons de voir que le comte de Casa-Valencia n'évalue la consommation de l'Espagne qu'à 6 ou 7 millions de livres ; l'abbé Hervas la fixe à 9 millions. Toutes les personnes qui ont habité long-temps l'Espagne, l'Italie et la France auront observé que l'usage du chocolat, parmi les classes les moins aisées du peuple, n'est fréquent que dans le premier de ces pays, et ils auront de la peine à se persuader que l'Espagne ne consomme que le tiers du cacao importé en Europe.

Les dernières guerres ont eu des effets beaucoup plus funestes sur le commerce du cacao de Caracas que sur celui de Guayaquil. La hausse des prix a fait qu'en Europe on a consommé moins du cacao dont la qualité est la plus précieuse. Au lieu de mêler, comme on faisoit autrefois pour le chocolat commun, un quart de cacao de Caracas à trois quarts de cacao de Guayaquil, on a employé, en Espagne, ce dernier tout pur. Nous devons rappeler ici que beaucoup de cacao d'une qualité inférieure, comme ceux du Marañon, du Rio Negro, d'Honduras et de l'île Sainte-Lucie, portent, dans le commerce, le nom de cacao de Guayaquil. L'exportation de ce port ne s'élève qu'à 60,000 *fanegas;* elle est par conséquent de deux tiers plus petite que celle des ports de la *Capitania general* de Caracas.

Quoique les plantations de cacao aient augmenté dans les provinces de Cumana, de Barcelone et de Maracaybo, à mesure qu'elles ont diminué dans la province de

Caracas, on croit pourtant qu'en général cette ancienne branche de l'industrie agricole diminue progressivement. Le cafier et le cotonnier remplacent, dans beaucoup d'endroits, le cacaoyer dont les récoltes tardives lassent la patience du cultivateur. On assure aussi que les nouvelles plantations de cacao sont moins productives que les anciennes. Les arbres n'acquièrent point la même force, et donnent le fruit plus tard et moins abondamment. C'est encore le sol que l'on accuse d'être épuisé ; mais nous pensons que c'est plutôt l'atmosphère qui a changé par les progrès de la culture et des défrichemens. L'air qui repose sur un sol vierge, couvert de forêts, se charge d'humidité et de ces mélanges gazeux qui sont propres à alimenter les plantes, et qui naissent de la décomposition des substances organiques. Lorsqu'un pays est long-temps soumis à la culture, ce n'est pas le rapport entre l'oxygène et l'azote qui varie. Les bases constituantes de l'atmosphère restent les mêmes : mais elle ne tient plus en suspension ces mélanges binaires et ternaires de carbone, d'azote et d'hydrogène qu'exhale une terre vierge, et que l'on regarde comme une source de fécondité. L'air plus pur, moins chargé de miasmes ou d'émanations hétérogènes, devient en même temps plus sec. La tension des vapeurs diminue sensiblement. Dans des terrains très-anciennement défrichés, et par conséquent peu favorables à la culture du cacaoyer, par exemple aux îles Antilles, le fruit est presque aussi petit que celui du cacaoyer sauvage. C'est, comme nous l'avons dit ailleurs, sur les bords du Haut-Orénoque, après avoir traversé les *Llanos*, que l'on trouve la véritable patrie du cacaoyer, des forêts touffues dans lesquelles, sur un sol vierge, entouré d'une atmosphère continuellement humide, les troncs, dès la quatrième année, offrent d'abondantes récoltes. Avec la culture le fruit est devenu, par-tout où le sol n'est pas épuisé, plus gros, moins amer, mais aussi plus tardif.

En voyant diminuer progressivement le produit du cacao sur la Terre-Ferme, on se demande si la consommation diminuera dans le même rapport en Espagne, en Italie, et dans le reste de l'Europe, ou s'il n'est pas probable que, par la destruction des cacaoyères, les prix augmenteront assez pour exciter de nouveau l'industrie du cultivateur. Cette dernière opinion est généralement admise parmi ceux qui déplorent, à Caracas, la diminution d'une branche de commerce si ancienne et si avantageuse. A mesure que la civilisation se portera vers les forêts humides de l'intérieur, vers les rives de l'Orénoque et de l'Amazone, ou vers les vallées qui sillonnent la pente orientale des Andes, les nouveaux colons trouveront des terres et une atmosphère également avantageuses pour la culture du cacaoyer.

On sait que les Espagnols redoutent en général le mélange de la vanille avec le cacao, comme irritant le système nerveux. Aussi le fruit de cette belle Orchidée est-il entièrement négligé dans la province de Caracas. On pourroit en faire d'abondantes récoltes sur la côte humide et fiévreuse, entre Porto-Cabello et Ocumare, sur-tout à Turiamo, où les fruits de l'*Epidendrum Vanilla* atteignent jusqu'à onze ou douze pouces de long. Les Anglois et les Anglo-Américains désirent souvent faire des achats de vanille au port de la Guayra, et ce n'est qu'avec peine que les négocians peuvent s'en procurer de très-petites quantités. Dans les vallées qui descendent de la chaîne côtière vers la mer des Antilles, dans la province de Truxillo comme dans les missions de la Guyane, près des cataractes de l'Orénoque, on pourroit recueillir beaucoup de vanille, dont le produit seroit plus abondant encore, si, à l'exemple des Mexicains, on dégageoit de temps en temps la plante des lianes qui l'entrelacent et l'étouffent.

En faisant connoître l'état actuel des plantations de cacao dans la province de Venezuela, en discutant les rapports que l'on observe entre le produit de ces plantations, l'humidité de l'atmosphère et sa salubrité, nous avons nommé les vallées chaudes et fertiles de la cordillère du littoral. Ce terrain, là où il se prolonge à l'ouest vers le lac de Maracaybo, offre une variété de sites très-remarquables. Je vais réunir à la fin de ce chapitre les notions que j'ai pu recueillir sur la qualité du sol et sur les richesses métalliques des districts d'Aroa, de Barquesimeto et de Carora.

Depuis la *Sierra Nevada* de Merida, et les *Paramos* de Niquitao, de Bocono et de Las Rosas [1], qui renferment l'arbre précieux du quinquina, la cordillère orientale de la Nouvelle-Grenade s'abaisse si rapidement [2], qu'entre les 9° et 10° de latitude elle ne forme plus qu'une chaîne de petites montagnes, qui, prolongées au nord-est par l'Altar et le Torito, séparent les affluens

[1] Beaucoup de moines voyageurs nous ont rapporté que le petit *Paramo de Las Rosas*, dont la hauteur paroît être au-delà de 1600 toises, est couvert de romarin et de roses rouges et blanches d'Europe devenues sauvages. On cueille ces roses pour en orner les autels dans les villages voisins, aux fêtes d'églises. Par quel hasard notre Rosa centifolia est-elle devenue sauvage dans cette contrée, tandis que nous ne l'avons vue nulle part dans les Andes de Quito et du Pérou? Est-ce bien notre rosier des jardins? *Voyez* plus haut, Tom. IV, p. 224.

[2] Le quinquina exporté du port de Maracaybo ne vient pas du territoire de Venezuela, mais des montagnes de Pamplona dans la Nouvelle-Grenade, en descendant le Rio de San-Faustino, qui débouche dans le lac de Maracaybo. (*Pombo*, *Noticias sobre las quinas*, 1814, p. 65.) On en recueille près de Merida, dans le ravin de Viscucucuy.

du Rio Apure et de l'Orénoque, des rivières nombreuses qui se jettent, soit dans la mer des Antilles, soit dans le lac de Maracaybo [1]. C'est sur cette *arête de partage* que sont placées les villes de Nirgua, de San-Felipe el Fuerte, de Barquesimeto et de Tocuyo. Les trois premières ont un climat très-chaud ; mais Tocuyo jouit d'une grande fraîcheur, et l'on apprend avec surprise que, sous un ciel si beau, les habitans ont une grande propension au suicide. Le sol s'élève vers le sud; car Truxillo, le lac d'Urao, dont on retire du carbonate de soude, et la Grita, situés à l'est de la cordillère, ont déjà quatre à cinq cents toises de hauteur [2].

En examinant la loi que suivent dans leur inclinaison les couches primitives de la cordillère du littoral, on croit reconnoître une des causes de l'extrême humidité du terrain limité par cette cordillère et par l'Océan. L'inclinaison des couches est le plus

[1] *Voyez* plus haut, Tom. IV, Chap. xiii, p. 234 et 273.
[2] Plus au sud-ouest est située la ville de Pamplona dont l'élévation au-dessus du niveau de l'Océan est, selon M. Caldas, de 1255 toises.

souvent vers le nord-ouest; de sorte que les eaux coulent dans cette direction sur les bancs de la roche, et forment, comme nous l'avons dit plus haut, cette multitude de torrens et de rivières dont les inondations deviennent si funestes à la santé des habitans, depuis le cap Codera jusqu'au lac de Macaraybo.

Parmi les rivières qui descendent au nord-est vers la côte de Porto-Cabello et la *Punta de Hicacos*, les plus remarquables sont celles de Tocuyo, d'Aroa et de Yaracuy. Sans les miasmes qui empestent l'atmosphère, les vallées d'Aroa et de Yaracuy seroient peut-être plus peuplées que les vallées d'Aragua [1]. Des rivières navigables donneroient même aux premières l'avantage de faciliter, et l'exportation de leurs propres récoltes en sucre et en cacao, et celle des productions des terrains voisins, comme le froment de Quibor, les bestiaux de Monaï, et le cuivre d'Aroa. Les mines dont on retire ce cuivre sont dans une vallée latérale

---

[1] On cite aussi, comme des lieux extrêmement malsains, Urama, Moron, Cabria, San-Nicolas et les vallées d'Alpargaton et de Caravinas.

qui débouche dans celle d'Aroa, et qui est moins chaude et moins malsaine que les ravins plus rapprochés de la mer. C'est dans ces derniers que les Indiens ont des lavages d'or, et que le sol recèle de riches minerais de cuivre qu'on n'a point encore tenté d'exploiter. Les mines anciennes d'Aroa, après avoir été long-temps négligées, ont été exploitées de nouveau par les soins de don Antonio Henriquez, que nous avons rencontré à San-Fernando sur les bords de l'Apure. Il paroît, d'après les renseignemens qu'il m'a donnés, que le gîte du minerai est une espèce d'*amas* (*stockwerck*) formé par la réunion de plusieurs petits filons qui se croisent dans tous les sens. Cet amas a quelquefois deux à trois toises d'épaisseur. Il y a trois mines; elles sont toutes exploitées par des esclaves. La mine la plus grande, la *Biscayna*, n'a que trente ouvriers; et le nombre total des esclaves employés à l'extraction des minerais et à la fonte ne s'élève qu'à 60 ou 70. Comme la galerie d'écoulement a seulement trente toises de profondeur, les eaux empêchent de travailler les parties les plus riches de l'*amas* qui se trouvent sous la galerie. On n'a pas pensé jusqu'ici à construire des roues hydrauliques. Le produit total en cuivre rouge est annuellement de douze à quinze cents quintaux. Le cuivre, connu à Cadix sous le nom de *cuivre de Caracas*, est d'une excellente qualité. On le préfère même à ceux de Suède et de Coquimbo au Chili[1]. Une partie du cuivre d'Aroa est employée sur les lieux à la fonte des cloches. Récemment on a découvert, entre Aroa et Nirgua, près de Guanita, dans la montagne de San Pablo, quelques minerais d'argent. Des grains d'or se trouvent dans tous les terrains montagneux entre le Rio Yaracuy, la ville de San Felipe, Nirgua et Barquesimeto, sur-tout dans le Rio de Santa-Cruz, dans lequel les orpailleurs indiens ont recueilli quelquefois des pépites de la valeur de 4 à 5 piastres. Les roches voisines de micaschiste et de gneiss renferment-elles de véritables filons, ou l'or

[1] L'exportation du cuivre d'Aroa n'a été, à la Guayra, en 1794, que de 11,525 livres *enregistrées à la douane;* en 1796, de 31,142 livres; et en 1797, de 2400 livres. On payoit alors le quintal 12 piastres.

est-il disséminé ici, comme dans les granites de la Guadarama en Espagne et du Fichtelberg en Franconie, dans toute la masse de la roche? Peut-être que les eaux, en s'infiltrant, réunissent les paillettes d'or disséminées; et, dans ce cas, tous les essais d'exploitations seroient infructueux. Dans la *Savana de la Miel*, près de la ville de Barquesimeto, on a percé un puits, dans un schiste noir et luisant, ressemblant à de l'ampélite. Les minerais qu'on a retirés de ce puits, et qui m'ont été envoyés à Caracas, étoient du quartz, des pyrites *non-aurifères*, et du plomb carbonaté, cristallisé en aiguilles d'un éclat soyeux.

Nous avons déjà rappelé plus haut que, dès les premiers temps de la conquête, on commençoit à exploiter les mines de Nirgua et de Buria [1], malgré les incursions de la nation belliqueuse des Giraharas. C'est dans ce même district qu'en 1553, l'accumulation des nègres esclaves donna lieu à un événement qui, peu important en lui-même,

[1] La vallée de Buria et la petite rivière de ce nom communiquent avec la vallée du Rio Coxède ou Rio de Barquesimeto.

CHAPITRE XVI. 309

devient intéressant par l'analogie qu'il présente avec des événemens qui se sont passés sous nos yeux à l'île de Saint-Domingue. Un nègre esclave fit un soulèvement parmi les mineurs du Real de San Felipe de Buria : il se retira dans les bois, et fonda, avec 200 de ses compagnons, une bourgade dans laquelle il fut proclamé roi. *Miguel*, le nouveau roi, étoit ami du faste et de la représentation. Il fit prendre à sa femme *Guiomar* le titre de reine, et nomma, comme dit Oviedo [1], des ministres, des conseillers d'état, des officiers de la *casa real*, et jusqu'à un évêque nègre. Il eut bientôt l'audace d'attaquer la ville voisine de Nueva Segovia de Barquesimeto; mais, repoussé par Diego de Losada, il périt dans la mêlée. A cette monarchie africaine a succédé à Nirgua une *république de Zambos*, descendans de nègres et d'Indiens. Toute la municipalité, le *cabildo*, est formée de gens de couleur auxquels le roi d'Espagne a donné le tire de *ses fidèles et loyaux sujets, les Zambos de Nirgua*. Peu de familles de blancs veulent habiter un pays où règne

[1] *Hist. de Venezuela*, Tom. I, p. 134.

un régime si contraire à leurs prétentions; et la petite ville est appelée par dérision *la republica de Zambos y Mulatos*. Il est aussi imprudent de céder le gouvernement à une seule caste que d'isoler cette caste, en la privant de ses droits naturels.

Si le luxe de la végétation et l'extrême humidité de l'atmosphère rendent fiévreuses les vallées chaudes d'Aroa, de Yaracuy et du Rio Tocuyo, célèbres par l'excellence de leurs bois de construction, il n'en est pas de même des savanes ou *Llanos de Monaï et de Carora*. Ces Llanos sont séparés, par le terrain montagneux de Tocuyo et de Nirgua, des grandes *plaines de la Portuguesa et de Calabozo*. C'est un phénomène bien extraordinaire que de voir des savanes arides chargées de miasmes. On n'y trouve aucun terrain marécageux, mais plusieurs phénomènes qui indiquent un dégagement de gaz hydrogène [1]. Lorsqu'on conduit des voyageurs qui ne connoissent

---

[1] Qu'est-ce que le phénomène lumineux connu sous le nom de la *lanterne* (*farol*) *de Maracaybo*, que l'on voit toutes les nuits du côté de la mer, comme dans l'intérieur du pays, par exemple à Merida où M. Palacios

point les mofettes inflammables dans la *Cueva del Serrito de Monaï*, on les effraie en mettant le feu au mélange gazeux qui est constamment accumulé dans la partie supérieure de la caverne. Doit-on supposer ici les mêmes causes de l'insalubrité de l'atmosphère que dans les plaines entre Tivoli et Rome, des dégagemens d'hydrogène sulfuré [1] ? Peut-être aussi les terrains montagneux qui avoisinent les *Llanos de Monaï*

l'a observé pendant deux ans? La distance de plus de 40 lieues à laquelle on distingue la lumière, a fait croire qu'elle pourroit être l'effet d'un orage ou d'explosions électriques qui auroient lieu journellement dans une gorge de montagnes. On assure que l'on entend gronder le tonnerre, lorsqu'on se rapproche du *farol*. D'autres prétendent vaguement que c'est un volcan d'air, et que des terrains asphaltiques, semblables à ceux de Mena, causent des exhalaisons inflammables et si constantes dans leur apparition. L'endroit où le phénomène se présente, est un pays montagneux et inhabité sur les bords du Rio Catatumbo, près de sa jonction avec le Rio Sulia. La position du *farol* est telle que, presque placé dans le méridien de l'ouverture (*boca*) du lac de Maracaybo, il dirige les navigateurs comme un phare.

[1] Don Carlos del Pozo a découvert dans ce district, au fond de la *quebrada de Moroturo*, une couche de terre argileuse, noire, tachant fortement les doigts, exhalant une forte odeur de soufre, et s'enflammant d'elle-même, lorsqu'elle est légèrement humectée et

ont-ils une influence nuisible sur les plaines environnantes. Des vents sud-est peuvent amener les exhalaisons putrides qui s'élèvent de la ravine de Villegas et de la Sienega de Cabra, entre Carora et Carache. J'aime à réunir toutes les circonstances qui ont rapport à la salubrité de l'air; car, dans une matière si obscure, ce n'est que par la comparaison d'un grand nombre de phénomènes qu'on peut espérer de découvrir la vérité.

Les savanes arides, et pourtant si fiévreuses, qui s'étendent de Barquesimeto au rivage oriental du lac de Maracaybo, sont en partie couvertes de raquettes; mais la bonne cochenille sylvestre, qui est connue sous le nom vague de *grana de Carora*, vient d'une région plus tempérée, entre Carora et Truxillo, et sur-tout de la vallée de Rio Mucuju[1], à l'est de Merida. Les habitans négligent entièrement cette production si recherchée dans le commerce.

exposée long-temps aux rayons du soleil des tropiques: la détonation de cette matière boueuse est très-violente.

[1] Cette petite rivière descend du *Paramo de los Conejos* et se jette dans le Rio Albarregas.

NOTES DU LIVRE V.

Note A.

Voici quelques passages remarquables de la lettre d'Aguirre au roi d'Espagne :

« Roi Philippe, natif d'Espagne, fils de Charles-l'Invincible ! Moi, Lopez de Aguirre, ton vassal, vieux chrétien, de parens pauvres, mais nobles, et natif de la ville d'Oñate en Biscaye, passai jeune au Pérou pour travailler, la lance à la main. Je t'ai rendu de grands services dans la conquête de l'Inde; j'ai combattu pour ta gloire, sans demander la paie à tes officiers, comme le prouvent les livres de ton trésor. Je crois bien, roi chrétien et seigneur, très-ingrat pour moi et mes compagnons, que tous ceux qui t'écrivent de cette terre (d'Amérique) te trompent beaucoup, parce que tu vois les choses de trop loin. Je t'invite à être plus juste envers les bons vassaux que tu as dans ce pays ; car moi et les miens, las de voir les cruautés et les injustices qu'exercent en ton nom tes vices-rois, tes gouverneurs et tes juges, nous sommes résolus à ne plus t'obéir. Nous ne nous regardons plus comme Espagnols : nous te faisons une guerre cruelle, parce que nous ne voulons pas endurer l'oppression de tes ministres qui, pour donner des places à leurs neveux et à leurs enfans, disposent de

notre vie, de notre réputation et de notre fortune.
Je suis boiteux du pied gauche par deux coups d'arquebuse que je reçus dans la vallée de Coquimbo,
combattant sous les ordres de ton maréchal, Alonzo
de Alvarado, contre François Hernandez Giron, rebelle alors comme je le suis à présent et le serai pour
toujours; car, depuis que ton vice-roi, le marquis de
Cañete, homme lâche, ambitieux et efféminé, fit
pendre nos plus vaillans guerriers, je ne fais pas plus
de cas de tes pardons que des livres de Martin Luther.
Il n'est pas bien à toi, roi d'Espagne, d'être ingrat
envers tes vassaux; car c'est pendant que ton père,
l'empereur Charles, resta tranquillement en Castille,
que l'on t'a procuré tant de royaumes et de vastes
pays. Souviens-toi, roi Philippe, que tu n'as droit de
tirer des rentes de ces provinces dont la conquête a été
sans danger pour toi, qu'autant que tu récompenses
ceux qui t'ont rendu de si grands services. J'ai la certitude que peu de rois vont au ciel. Aussi nous autres,
nous nous regardons comme très-heureux de nous
trouver ici aux Indes, conservant, dans toute leur
pureté, les mandemens de Dieu et de l'église romaine;
et nous prétendons, quoique pécheurs pendant la vie,
devenir un jour martyrs de la gloire de Dieu. En
sortant de la rivière des Amazones, nous débarquâmes
dans une île qu'on nomme la Marguerite. C'est là que
nous reçûmes d'Espagne la nouvelle de la grande faction et machinerie (*la maquina*) des Luthériens. Cette
nouvelle nous fit grand'peur: nous trouvâmes parmi
nous un de cette faction; son nom étoit Monteverde.
Je le fis mettre en pièces, comme de droit; car crois-
moi, seigneur, que par-tout où je suis on vit suivant
la loi. Mais le relâchement des mœurs des moines est

si grand dans cette terre, qu'il faudroit les châtier fortement. Il n'y a pas un religieux ici qui ne se croie être plus qu'un gouverneur de province. Je te prie, ô grand roi, de ne pas croire ce que les moines te disent là-bas en Espagne. Ils parlent sans cesse des sacrifices qu'ils font, comme de la vie âpre et dure à laquelle ils sont forcés en Amérique, tandis qu'ils occupent les terres les plus riches, et que les Indiens chassent et pêchent journellement pour eux. S'ils versent des larmes devant ton trône, c'est pour que tu les envoies ici pour gouverner des provinces. Sais-tu quelle vie ils mènent ici? S'adonner au luxe, acquérir des biens, vendre les sacremens, être à la fois ambitieux, insolens et gloutons, voilà leur vie en Amérique. La foi des Indiens souffre de tant de mauvais exemples. Si tu ne changes pas tout cela, ô roi d'Espagne, ton gouvernement ne sera pas stable.

Quel malheur que l'empereur ton père ait conquis l'Allemagne à tant de frais, et qu'il ait dépensé dans cette conquête l'argent de ces mêmes Indes que nous lui avons procuré! L'an 1559, le marquis de Cañete envoya à l'Amazone Pedro de Ursua, Navarrois, ou plutôt François; nous naviguâmes sur les plus grandes rivières du Pérou, jusqu'à ce que nous vînmes dans un golfe d'eau douce. Nous avions déjà fait trois cents lieues, lorsque nous tuâmes ce mauvais et ambitieux capitaine. Nous choisîmes pour roi un *cavallero* de Séville, Fernand de Guzman, et nous lui jurâmes fidélité, comme cela se fait à ta personne. On me nomma son maître de camp; et, parce que je ne consentis pas à ses volontés, on voulut me tuer. Mais moi, je tuai le nouveau roi, son capitaine des gardes, son lieutenant-général, son chapelain, une femme, un chevalier de l'île de Rhodes, deux enseignes et cinq ou six domestiques du prétendu roi. Je résolus dès-lors de punir tes ministres et tes *auditeurs* (conseillers de l'*Audiencia*). Je nommai des capitaines et des sergens; ils voulurent de nouveau me tuer, mais je les fis pendre tous. C'est au milieu de ces aventures que nous naviguâmes, onze mois jusqu'à l'embouchure de la rivière. Nous fîmes plus de 1500 lieues. Dieu sait comment nous nous sommes tirés de cette grande masse d'eau. Je te conseille, ô grand roi, de ne jamais envoyer des flottes d'Espagne dans cette malheureuse rivière. Que Dieu te tienne en sa sainte garde! »

Cette lettre fut donnée par Aguirre au curé de l'île de la Marguerite, Pedro de Contreras, pour qu'il la fît parvenir au roi Philippe II. Fray Pedro Simon, provincial de l'ordre de Saint-François dans la Nouvelle-Grenade, en vit plusieurs copies manuscrites en Amérique et en Espagne. Elle a été imprimée, pour la première fois, en 1723, dans l'histoire de la province de Venezuela, par Oviedo (Tom. I, p. 206). Des plaintes également violentes contre le régime des moines du seizième siècle, ont été directement adressées au pape par le voyageur milanais Girolamo Benzoni.

Note B.

Le lait des agarics lactaires n'a pas été analysé séparément: il renferme un principe âcre dans l'agaricus piperatus; dans d'autres espèces, il est doux et innocent. Les belles expériences de MM. Braconnot, Bouillon-Lagrange et Vauquelin (*Annales de Chimie*, Tom. XLVI, p. 211; Tom. LI, p. 75; Tom. LXXIX, p. 265; Tom. LXXX, p. 272; Tom. LXXXV, p. 5) nous ont fait connaître dans la masse du champignon comestible (Agaricus deliciosus) une grande quantité d'albumine. C'est cette albumine renfermée dans leur sève, qui les rend si durs lorsqu'on les expose à la cuisson. J'ai cité plus haut les expériences que j'ai faites en 1796 pour prouver qu'on peut convertir les morilles (Morchella esculenta) en une matière sébacée et adipocireuse, propre à la fabrication du savon. (*De Candolle, sur les propriétés méd. des plantes*, p. 345.) La matière sucrée a déjà été reconnue dans les champignons, en 1791, par M. Gunther. (Voyez mes *Aphorismi ex physiologiâ chem. plantarum* dans la *Flora Friberg*, p. 175.) C'est dans la famille des *Fungi*, surtout dans les Clavaires, les Morilles, les Helvelles, les Merules et les petits Gymnopes, qui se développent après une pluie d'orage, dans l'espace de quelques heures, que la nature organique produit, avec le plus de rapidité, la plus grande variété de principes chimiques, le sucre, l'albumine, l'adipocire, l'acétate de potasse, la graisse, l'osmazôme, les aromes, etc. Il seroit intéressant d'examiner, outre le lait des Lactaires, les espèces qui, coupées en morceaux, changent de couleur au contact de l'oxygène atmosphérique.

Si nous avons rapporté le *Palo de Vaca* à la famille des *Sapotilliers*, nous ne lui en avons pas moins trouvé une grande ressemblance avec certaines *Urticées*, surtout avec le figuier, à cause de ses stipules terminales en forme de corne, et avec le Brosimum, à cause de la structure de son fruit. M. Kunth auroit même préféré ce dernier rapprochement, si la description du fruit, faite sur les lieux, et la nature du lait, qui est âcre dans les *Urticées* et doux dans les *Sapotilliers*, ne sembloient confirmer la conjecture que nous avons énoncée plus haut, p. 108. M. Bredemeyer a vu, comme nous, le fruit et non la fleur de l'arbre de la vache. Il assure avoir observé (quelquefois ?) deux graines appliquées l'une contre l'autre, comme dans l'avocatier (Laurus Persea). Peut-être ce botaniste a-t-il voulu exprimer la même conformation du *nucleus* que *Swartz* indique, dans la description du Brosimum : *nucleus bilobus aut bipartibilis*. Nous avons cité les lieux où végète cet arbre remarquable ; il sera facile aux botanistes voyageurs de se procurer la fleur du *Palo de Vaca*, et de lever les doutes qui nous restent sur la famille à laquelle il appartient.

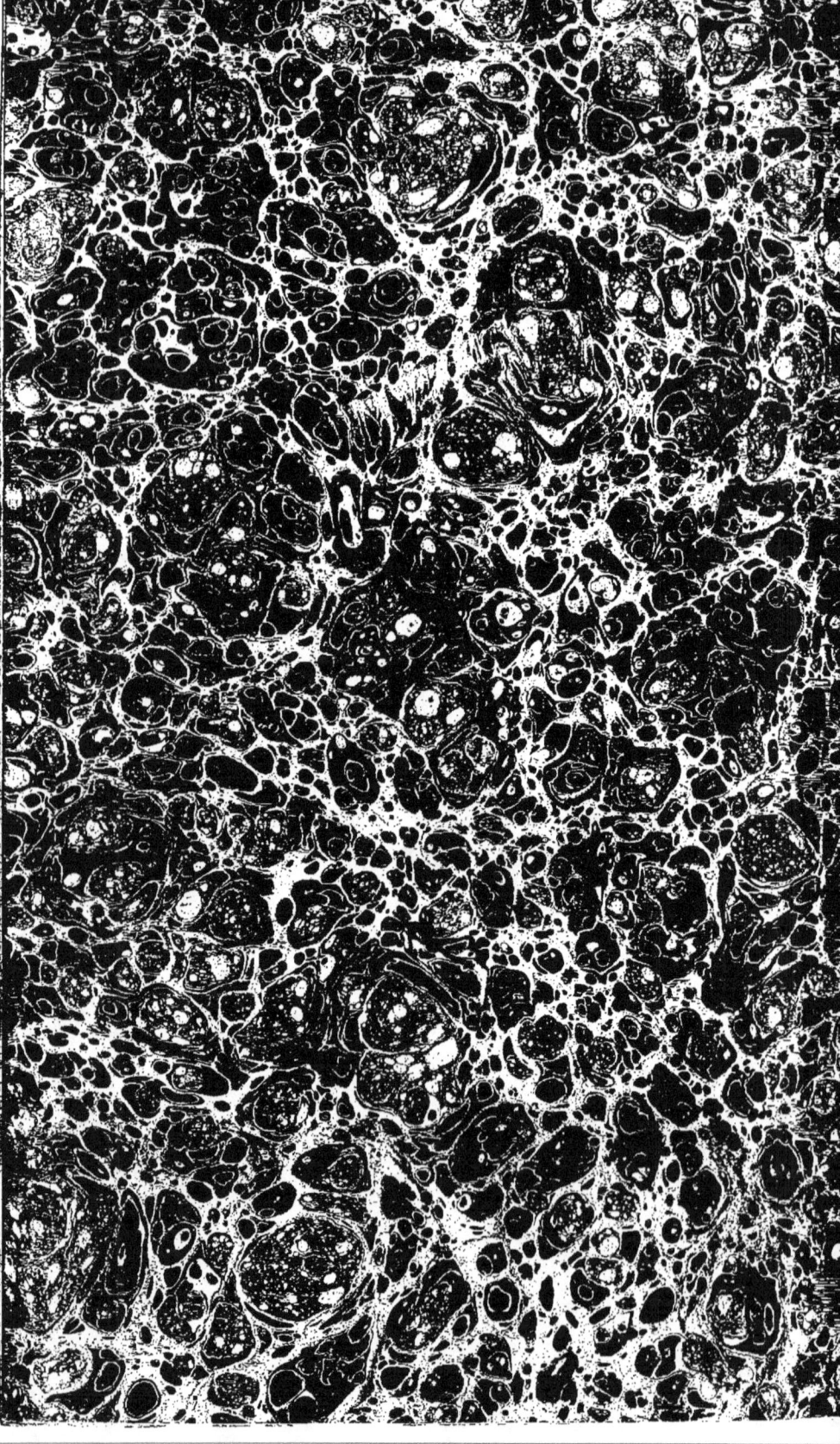

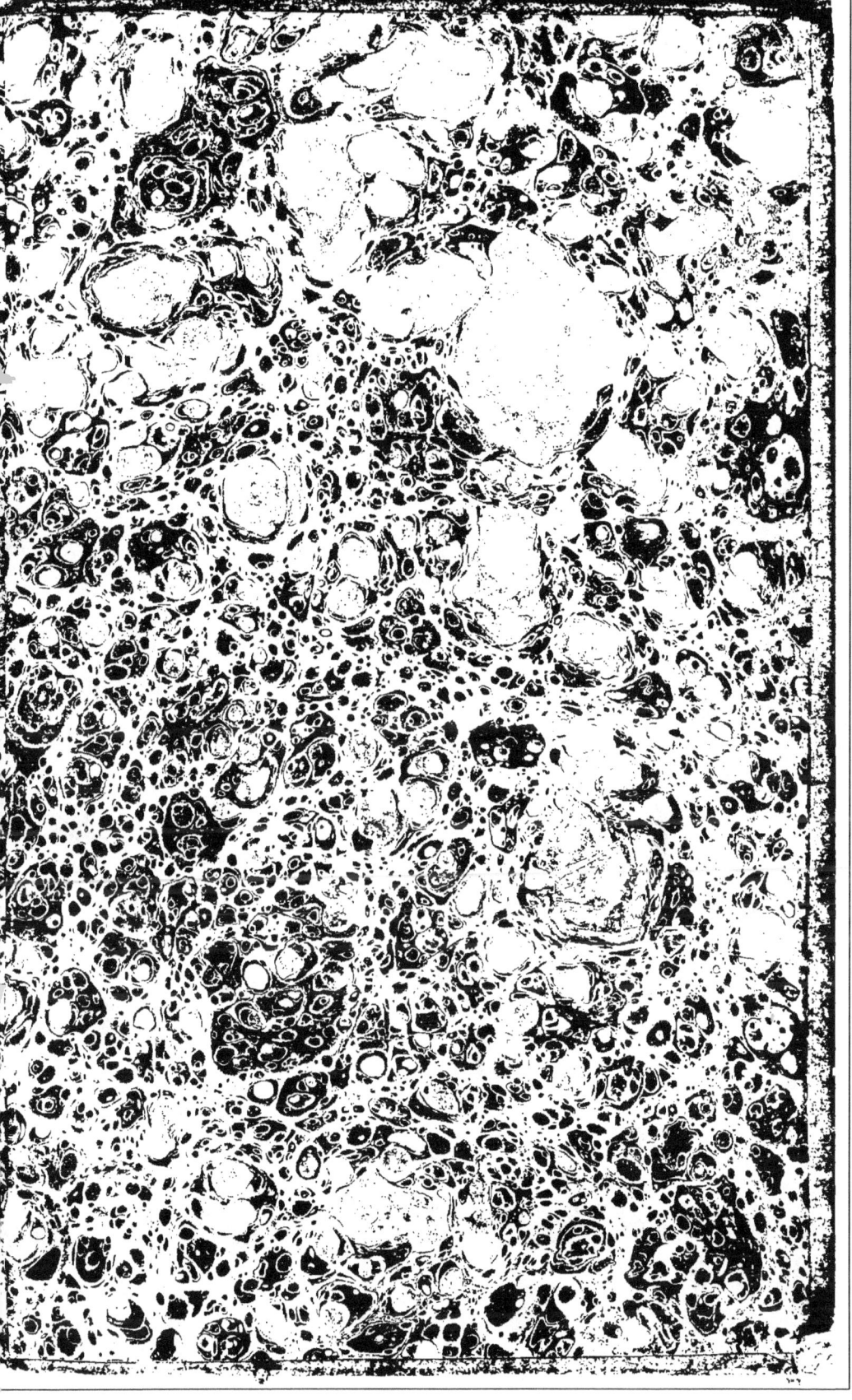

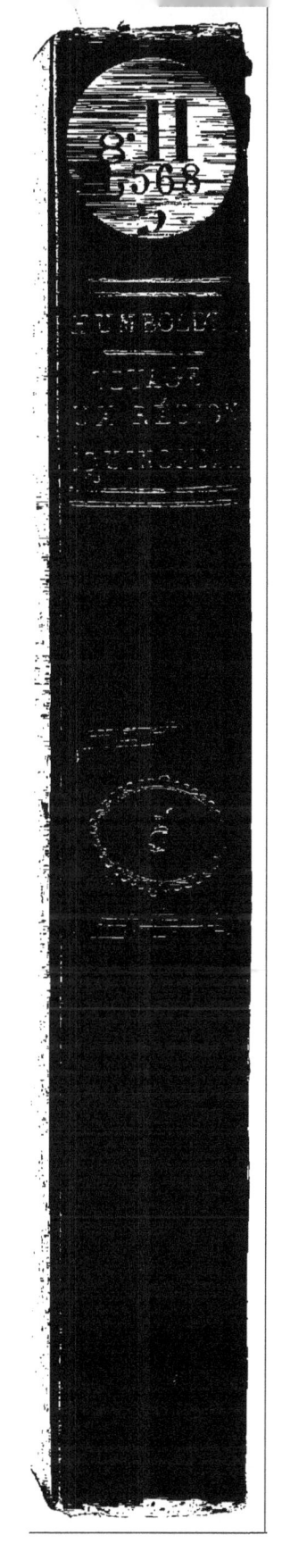

www.ingramcontent.com/pod-product-compliance
Lightning Source LLC
Chambersburg PA
CBHW070616160426
43194CB00009B/1287